Les Fleurs du mal

Baudelaire

Notes, questionnaires et synthèses
adaptés par **Marie-Élaine MINEAU,**
professeure au Collège de Valleyfield

établis par **Yvon LE SCANFF**
agrégé de Lettres modernes,
professeur en lycée,
docteur ès Lettres

Texte conforme à l'édition de 1857

**LES ÉDITIONS
CEC**

9001, boul. Louis-H.-La Fontaine, Anjou (Québec) Canada H1J 2C5
Téléphone: 514-351-6010 • Télécopieur: 514-351-3534

Direction de l'édition
Isabelle Marquis

Direction de la production
Danielle Latendresse

Direction de la coordination
Rodolphe Courcy

Charge de projet
Sophie Lamontre

Révision linguistique
Nicole Lapierre-Vincent

Correction d'épreuves
Marie Théorêt

Conception et réalisation graphique
Interscript

Illustration de la couverture
Catherine Gauthier

Les Éditions CEC inc. remercient le gouvernement du Québec de l'aide financière accordée à l'édition de cet ouvrage par l'entremise du Programme de crédit d'impôt pour l'édition de livres, administré par la SODEC.

Les Fleurs du mal,* collection *Grands Textes

© 2009, Les Éditions CEC inc.
9001, boul. Louis-H.-La Fontaine
Anjou (Québec) H1J 2C5

Dépôt légal: 2009
Bibliothèque et Archives nationales du Québec
Bibliothèque et Archives Canada

ISBN 978-2-7617-2731-0

Imprimé au Canada
2 3 4 5 6 16 15 14 13 12

Imprimé sur papier contenant 100 % de fibres recyclées postconsommation.

Édition originale Bibliolycée
© Hachette Livre, 2002, 43 quai de Grenelle, 75905 Paris Cedex 15, France.
Tous droits de traduction, de reproduction et d'adaptation réservés pour tous pays.

Sommaire

Sommaire

Table des poèmes

LES FLEURS DU MAL

Spleen et idéal

Table des poèmes

Table des poèmes

Feuille d'étude pour *Le Tasse dans la prison des fous* (1839), par Eugène Delacroix.

Le poète au cachot, débraillé, maladif,
Roulant un manuscrit sous son pied convulsif,
Mesure d'un regard que la terreur enflamme
L'escalier de vertige où s'abîme son âme.

Charles Baudelaire, « Sur Le Tasse en prison d'Eugène Delacroix ».

PRÉSENTATION

**Comment se fait-il que Les Fleurs du mal *soient*
encore aujourd'hui un recueil populaire
*d'une grande actualité ?***

Les *Fleurs du mal*, c'est d'abord un goût du scandale, visible dans le titre même qui assimile le recueil à un bouquet malsain. Le symbole* de la fleur, celui d'une beauté pure, est détourné de son sens : y est introduite une nouvelle valeur symbolique de la beauté, qui prend sa source dans la souillure, dans le mal. L'originalité et l'audace de Baudelaire sont un défi lancé à la société, ce qui lui vaudra d'être incompris par bon nombre de ses contemporains. Il verra d'ailleurs six poèmes de son recueil condamnés par la justice.

Les *Fleurs du mal*, c'est aussi la pièce maîtresse de l'œuvre de Baudelaire, là où il présente une vision de la poésie qui se généralisera chez les poètes maudits et leurs héritiers. La poésie chez Baudelaire vise en effet à dévoiler les liens analogiques qui, selon le poète, existent entre des choses qui semblent les plus disparates. C'est le principe de correspondance où les symboles allient les choses concrètes, matérielles, perceptibles par les sens à l'abstraction des idées, du spirituel. Le lecteur, surpris dans ses

**Autoportrait
de Charles Baudelaire
en proie au haschich (vers 1844)**

9

habitudes, doit dès lors admettre qu'il n'existe pas d'éléments qui soient poétiques par essence, mais que, grâce à une association poétique inattendue, tout ce qui existe peut accéder à la poésie. En effet, chez les romantiques, est beau ce qui est moral; chez Baudelaire, c'est le regard du poète qui est créateur de beauté, ce qui donne un caractère provocateur à plusieurs de ses poèmes où la laideur, le vice, les prostituées sont mis en scène et prennent une signification poétique nouvelle.

Cette révolution poétique, en plus de faire plusieurs émules (Paul Verlaine, Arthur Rimbaud, Stéphane Mallarmé, Paul Valéry, André Breton), marque une fracture dans l'histoire littéraire. Baudelaire se démarque à la fois par une pratique quasi classique de la rigueur formelle et une sensibilité, une vision de l'art et un goût pour l'originalité qui sont précurseurs de la modernité. Lui qui voulait « Plonger [...] au fond de l'inconnu pour trouver du nouveau ! » a contribué à transformer la poésie en profondeur.

Enfin, *Les Fleurs du mal*, c'est un recueil de poèmes qui se lit comme le roman des aventures multiples d'une âme (et d'un corps), le drame d'une conscience humaine en quête de sens dans un univers incertain. L'art, l'amour, le spleen, la révolte, l'extase, l'oubli et la mort sont les thèmes qui jalonnent le parcours du lecteur dans cette « forêt de symboles » que sont *Les Fleurs du mal*. Ces thèmes, intimement liés à la vie personnelle de Baudelaire, dépassent la réalité individuelle pour rejoindre le lecteur par leur universalité.

L'édition que nous proposons est l'édition originale de l'œuvre et la seule qui soit conforme aux volontés de son auteur lors de sa première publication, en juillet 1857 : cinq sections et cent poèmes (et on sait combien Baudelaire tenait à ce chiffre qui lui semblait être idéal pour un recueil). Cette édition ne tient donc pas compte de la condamnation et de la censure d'août 1857 (levée seulement en 1949 !) qui amputa cette œuvre de six de ses poèmes.

Baudelaire, toujours actuel

Baudelaire, sa vie, son œuvre

Charles Baudelaire photographié par Nadar (1855).

> *Faut-il connaître la vie de Charles Baudelaire pour comprendre sa poésie ?*

La poésie de Baudelaire est marquée par le mode de vie bohème de son auteur, sa manière d'envisager la vie et l'art, ainsi que son rapport à la société, à sa famille et à ses maîtresses. Plusieurs thèmes abordés dans son œuvre s'éclairent dès qu'ils sont mis en parallèle avec sa biographie.

Enfance et adolescence

Charles Baudelaire voit le jour à Paris, le 9 avril 1821. Il n'a pas encore six ans lorsque son père, un artiste-peintre âgé, décède ; il a sept ans lorsque sa mère, encore jeune, se remarie avec un officier supérieur de l'armée, le chef de bataillon Aupick. Alors que sa petite enfance s'était déroulée sans heurts, l'entrée de ce beau-père à l'attitude stricte représente pour Baudelaire le début d'une époque pénible. La relation d'amour-haine qu'il entretiendra longtemps avec sa mère, affectueuse mais sous l'emprise de son nouveau mari, a beaucoup à voir avec ce remariage qu'il lui reproche.

Au collège, le jeune Charles n'aime pas la discipline rigoureuse et se démarque par un caractère « bizarre » (il sera d'ailleurs renvoyé du collège Louis-le-Grand en 1839), mais il se montre tout de même studieux. Il remporte quelques prix, notamment en discours français et en vers latins, et se passionne déjà pour la poésie romantique.

Prémices d'une vie mondaine et d'une œuvre poétique

Une fois bachelier, Charles, qui a alors 18 ans, s'inscrit en novembre 1839 à l'École de droit, mais, loin d'étudier avec sérieux, il mène une « vie libre » et insouciante, faite de dissipation et d'excès, en compagnie de jeunes étudiants. Il compose des vers, commence à fréquenter le milieu littéraire et fait la connaissance de Balzac et de Nerval. Devant ses fréquentations et ses nombreuses dettes, la famille de Baudelaire décide de l'éloigner de Paris. Pour Aupick et son épouse, le métier d'écrivain n'est pas une carrière honorable et la vie de bohème est moralement répréhensible.

Souhaitant provoquer dans la vie de Charles un changement qui le rendrait plus sage, sa famille l'oblige à s'embarquer sur un paquebot en direction de Calcutta (en Inde) le 9 juin 1841. Bien qu'il soit à l'origine de la touche d'exotisme qui caractérise certains poèmes de Baudelaire, ce voyage n'est pas de tout repos et le jeune homme, lors d'une escale à l'île Maurice, décide de ne pas aller plus loin et de s'installer quelques mois dans cette contrée enchanteresse. De nombreux poèmes témoignent de ce séjour et de ces « promenades heureuses », comme « À une dame créole » (LIV), écrit sur place, et « Parfum exotique » (XXI). Ainsi, la famille de Baudelaire n'a pas vu juste et, loin de lui faire oublier toute velléité poétique, ce voyage aura au contraire stimulé l'imagination du poète.

Le dandysme

De retour à Paris après une absence de dix mois, Baudelaire renoue avec le milieu littéraire en fréquentant de grands artistes romantiques comme Victor Hugo, Théophile Gautier et Eugène Delacroix. Le 9 avril 1842, il devient enfin majeur : il a 21 ans. Il peut donc prendre possession de l'héritage de son père et, puisqu'il se définit comme un dandy, vivre sa vie comme il l'entend. En effet, le dandysme préconise le raffinement et l'élégance comme un véritable art de vivre. Il suppose également l'affirmation de l'originalité personnelle à travers la pensée et les actes, ce qui comprend entre autres un refus de la morale bourgeoise. En effet, la majorité des dandys préfèrent prendre des maîtresses plutôt qu'une épouse, refusant ainsi la vie familiale. Baudelaire ne fait exception ni au principe d'élégance, ni à celui du refus de la morale bourgeoise.

Or, le dandysme est un mode de vie qui s'avère plutôt dispendieux. Pour satisfaire son goût de l'art et du luxe, Baudelaire se procure maints tableaux et livres rares. Ainsi, il entame sérieusement son héritage. De plus, les maîtresses ont, à cette époque, ceci de commun avec les épouses qu'elles doivent être entretenues, c'est-à-dire logées, habillées, nourries, etc. En effet, les femmes n'ont pas de revenu personnel puisqu'elles ont peu accès au marché du travail, ce qui explique que les responsabilités financières échoient aux hommes.

C'est justement en mai 1842, dans cette ambiance de folle dépense, que Baudelaire rencontre Jeanne

Duval. Commence alors une liaison orageuse qui durera jusqu'en 1856. Nous savons peu de choses sur Jeanne si ce n'est qu'elle était une mulâtresse (possiblement originaire de Saint-Domingue) et qu'elle est apparue dans quelques rôles mineurs sur les scènes théâtrales parisiennes. On ne connaît ni la date de sa naissance, ni la date de sa mort, et la seule image qui nous est parvenue est un portrait dessiné par Baudelaire. Certains témoignages lui accordent toutefois une démarche onduleuse et altière, qui aurait suggéré au poète l'idée du « Serpent qui danse » (XXVI). Elle lui aurait en outre inspiré plus d'une dizaine de poèmes, parmi lesquels se trouvent « Remords posthume » (XXXII) et « Le chat » (XXXIII). C'est peut-être de sa relation tumultueuse avec elle qu'est née l'idée, souvent retrouvée dans la poésie de Baudelaire, de l'amour qui devient un combat.

Évidemment, la famille du poète désapprouve cette liaison. Elle perçoit Jeanne Duval comme une femme malsaine, qui ne fait que profiter de la récente fortune de son amant ; le racisme n'est probablement pas étranger à la sévérité de ce jugement. Cependant, Baudelaire est heureux et, entre 1842 et 1844, il vit et crée en toute liberté. De nombreux poèmes, recueillis par la suite dans *Les Fleurs du mal*, datent de cette époque.

La misère et le recours à la plume

En septembre 1844, craignant que son fils ne dilapide sa fortune personnelle, sa mère le met sous la tutelle

**Frontispice du recueil *Les Épaves* par Félicien Rops.
Publié en Belgique en 1866, ce recueil contient
vingt-trois poèmes en vers dont les six pièces
condamnées des *Fleurs du mal*.**

judiciaire, gère l'argent de Charles. Celui-ci, profondément vexé et humilié, tente même de se suicider en 1845. Ces restrictions, qu'il endurera tout le reste de sa vie, entravent non seulement sa liberté, mais elles lui font de surcroît connaître une certaine misère et parfois même la faim. Sous la pression de ses amis, il devient alors critique d'art afin de subvenir à ses besoins. Dans ce domaine aussi, il fait figure de précurseur en sachant discerner les grands peintres, notamment Delacroix, qu'il considère en art comme un *alter ego*. Cette pratique de la critique, qui n'est au départ qu'un travail alimentaire, lui permet de clarifier son esthétique. C'est également dans ce contexte qu'il publie ses premiers poèmes dans des revues (de 1845 à 1847).

Après une courte incursion dans le militantisme politique lors de la révolution de février 1848 où, avec les étudiants et les ouvriers, il s'oppose à la domination bourgeoise, Baudelaire commence à traduire l'œuvre de l'écrivain américain Edgar Allan Poe, qu'il a découverte environ deux ans auparavant. Bien plus qu'un travail intéressant, c'est une véritable fascination que Baudelaire éprouve devant cette œuvre. Il voit en Poe un frère spirituel, qui pratique lui aussi le mélange du beau et de l'étrange. Les travaux de traduction s'étendront sur une période de dix-sept ans et, en raison de leur grande qualité, sont encore édités de nos jours. De plus, c'est une période d'intense création littéraire, puisque pas moins de vingt-huit poèmes sont publiés entre 1851 et 1855.

Pendant ce temps, sa vie amoureuse se complique, car Baudelaire vit toujours avec Jeanne Duval qu'il ne peut se résoudre à quitter, mais dont il ne supporte plus le se résoudre à quitter, mais dont il ne supporte plus le caractère. Il fait la connaissance de Mme Sabatier, peintre et salonnière*, qui est déjà considérée comme la muse de plusieurs artistes. Il lui envoie anonymement le sulfureux poème « À celle qui est trop gaie » (XXXIX). Enfin, Marie Daubrun, actrice, dont les yeux verts avaient attiré son attention quelques années plus tôt, devient sa maîtresse en 1854. Leur relation brève et orageuse est réputée avoir inspiré au poète « L'invitation au voyage » (XLIX), « Le poison » (XLV) et « Les chats » (LVI). En fait, on trouve dans *Les Fleurs du mal* plusieurs poèmes inspirés par l'une ou l'autre de ces trois maîtresses.

Salonnière

Se dit d'une femme qui tient un salon littéraire, autrement dit un endroit où des femmes et des hommes cultivés se réunissent pour discuter de littérature, d'art, de philosophie et d'actualité.

Les Fleurs du mal

C'est à la mort du général Aupick, le 27 avril 1857, que la relation entre Baudelaire et sa mère s'assouplit. Il lui pardonne son remariage qui fut pour lui la cause de tant d'humiliations ; de son côté, elle commence à prendre conscience de son talent poétique. Par ailleurs, avec la publication des *Fleurs du mal* en juin de la même année, Baudelaire connaît enfin la célébrité et obtient la reconnaissance de ses pairs, mais cette réception favorable n'est pas unanime. En juillet, le ministère de l'Intérieur, dont le mandat est d'assurer la sécurité publique, juge le recueil contraire à la morale publique et traîne Baudelaire et son éditeur devant la justice. Ces derniers sont condamnés à payer une amende, et six poèmes des *Fleurs du mal* doivent être supprimés. Durant l'épreuve qu'a été le procès, les plus grands auteurs de l'époque (Hugo, Sainte-Beuve, Gautier, etc.) ont soutenu l'auteur du recueil controversé.

* : Cf. Glossaire

À la suite de sa condamnation, et sans doute à cause de problèmes financiers importants, Baudelaire entame une période d'intense activité littéraire : publication de ses premiers poèmes en prose, particulièrement innovateurs par leur forme, de sa traduction des *Aventures d'Arthur Gordon Pym* de Poe en 1858, du *Salon de 1859* et, enfin, des *Paradis artificiels* en 1860. Mais surtout, afin de tenir compte du verdict de la cour, il réorganise *Les Fleurs du mal* en vue d'une seconde édition. L'ouvrage, pour lequel il a composé trente-cinq poèmes nouveaux – dont trente-quatre ont paru dans des revues entre 1858 et 1861 –, sera publié en février 1861.

La maladie

Malgré sa notoriété, de graves ennuis accablent Baudelaire qui se dit au bord du suicide : son éditeur fait faillite, l'argent lui fait constamment défaut, sa candidature à l'Académie française (qui n'a reçu aucun vote) est un échec humiliant et sa santé se détériore : le 13 janvier 1860, il subit « quelque chose comme une congestion cérébrale ». Ce symptôme est la manifestation d'une maladie vénérienne, la syphilis, contractée plusieurs années auparavant, et qui a progressé lentement pour finalement atteindre son système nerveux.

Jugeant que la fermeture d'esprit des Français est responsable de tous ses déboires, Baudelaire tente de refaire sa vie en Belgique. Il y entame une série de conférences en tant que critique d'art, mais l'indifférence du public fait échec à son projet. En mars 1866, à Namur, il subit une autre crise qui porte gravement atteinte à sa santé. En raison d'une lésion cérébrale, il devient partiellement paralysé et incapable de parler. Sa mère le ramène en France et s'occupe de lui jusqu'à son décès le 31 août 1867, à l'âge de 46 ans. Il est inhumé au cimetière Montparnasse le 2 septembre. Les *Œuvres complètes* de Baudelaire commencent à paraître en 1868 chez l'éditeur Michel Lévy, avec une troisième édition des *Fleurs du mal*, augmentée de 151 poèmes et préfacée par Théophile Gautier.

À retenir

- Le séjour de Baudelaire à l'île Maurice introduit le thème du voyage, qui se conjugue avec celui du rêve et de l'aspiration à la beauté dans sa poésie.
- Adoptant une vie de bohème, Baudelaire fait figure de poète maudit et sa poésie illustre ce goût de la provocation, marque de commerce de la modernité artistique.
- Il se disait lui-même dandy, c'est-à-dire attaché à l'expression de son originalité personnelle et faisant preuve d'une passion pour le luxe et les belles choses.
- Baudelaire est également un critique d'art qui fait date : plusieurs de ses idées en ce domaine sont fondatrices de la modernité.
- Recueil qui fait scandale à son époque, *Les Fleurs du mal* instaurent une nouvelle conception de l'art : l'artiste décide de ce qui est beau hors du jugement social, hors de tout moralisme.
- Baudelaire propose une conception de la poésie qui sert de fondement au symbolisme et qui ouvre la voie à l'innovation poétique, notamment par sa pratique du poème en prose.

Description de l'époque : la France du XIXᵉ siècle

Qu'importe-t-il de connaître de la France du XIXᵉ siècle pour mieux comprendre le contexte dans lequel le recueil a été écrit ?

Quelques renseignements préliminaires

Le milieu du dix-neuvième siècle français est marqué par l'industrialisation de plus en plus florissante et par le capitalisme, qui instaurent des relations de pouvoir entre les classes sociales et des relations de compétition entre les individus. Les artistes trouvent difficilement leur place dans cette société où l'on privilégie l'utile et le rentable, mais ils ne sont pas les seuls, dans ce siècle, à être laissés pour compte. Les ouvriers, qui connaissent des conditions de travail déplorables, peinent à survivre, ce qui cause plusieurs révoltes au cours du siècle.

Au Québec, même si une grande proportion de la population vit de la terre, l'industrialisation a également lieu, avec les mêmes conséquences qu'en France concernant les conditions de vie des ouvriers, sans toutefois entraîner la même instabilité politique.

L'époque de Baudelaire est une époque difficile pour les plus pauvres : les promesses de la Révolution française n'ont pas été tenues, et la liberté et l'égalité sont encore à venir.

Le contexte social

Au début du dix-neuvième siècle, les nobles qui s'étaient exilés lors de la Révolution reviennent en France et certains retrouvent même une partie de leurs biens. Ils conservent un certain prestige dans la société, mais ils doivent partager le pouvoir avec la bourgeoisie qui domine l'économie française. En effet, ce sont les grands bourgeois qui font les affaires et qui profitent de l'industrialisation ; ce sont ces chefs d'entreprise qui décident de l'ordre social.

L'argent étant devenu la valeur par excellence, les patrons veulent augmenter leurs profits et écraser la concurrence. Pour y arriver, ils réduisent au minimum les coûts de production, ce qui signifie que les salaires des ouvriers et les dépenses liées à leurs conditions de travail sont maintenus à de très bas niveaux. Aux ouvriers mécontents, on répond que ce n'est pas la main-d'œuvre qui manque. Les chaînes de production ne nécessitent pas une main-d'œuvre qualifiée et, par conséquent, les ouvriers sont interchangeables. Les femmes et les enfants travaillent aussi, pour des salaires moindres sous prétexte qu'ils ne sont pas le principal soutien familial. La moyenne d'heures de travail par semaine pour un ouvrier est de soixante-dix heures, les salaires sont misérables (les trois quarts du salaire vont à l'alimentation et au logement) et les conditions de travail se caractérisent par l'insalubrité si ce n'est carrément le danger (par exemple, dans les mines). Les ouvriers n'ont aucun congé payé, aucune compensation en cas de blessure au travail ou de maladie ; ils n'ont pas le droit de se réunir en association, et encore moins de faire la grève.

Désorganisés, sans soutien collectif, les ouvriers mécontents sont une cible facile pour les patrons. Lorsqu'il y a révolte, la répression est violente et tout ouvrier ayant manifesté une opposition envers le patronat voit une remarque à cet effet être inscrite dans son livret. Le livret ouvrier est à la fois une pièce d'identité et un moyen de contrôler l'accès au travail. Aucun ouvrier ne peut travailler sans l'avoir d'abord présenté à l'employeur et si des remarques ayant trait à l'insubordination y apparaissent, l'ouvrier perd toutes ses chances de trouver un emploi.

C'est dans ces conditions de vie difficiles que se développent le vagabondage, la prostitution et l'alcoolisme. Ces phénomènes qui font fréquemment la une des journaux alimentent ainsi la méfiance et le mépris que les bourgeois éprouvent envers le peuple, si nombreux et menaçant (il faut se souvenir que ce pays a déjà connu une révolution particulièrement sanglante). Les classes démunies et leurs mœurs «dépravées», du moins aux yeux des bourgeois, renforcent ces derniers dans leur conviction d'être moralement supérieurs : si le peuple travaillait aussi fort que nous, se disent-ils, il vivrait dans de meilleures conditions ; s'il se laisse aller, il est légitime que nous tentions de le contrôler...

Au milieu du dix-neuvième siècle, la manière dont les gens mènent leur vie et jugent celle des autres est encore largement influencée par la religion. La famille traditionnelle est considérée comme l'un des piliers de la société. Ainsi, ceux qui ont des relations sexuelles hors du mariage ou qui choisissent de demeurer célibataires sont sévèrement critiqués. Pourtant, le couple bourgeois n'est pas sans reproches, d'autant que les mariages des plus riches reposent rarement sur l'amour. Ce sont plutôt des unions stratégiques entre propriétaires d'entreprises ou familles fortunées. Dans ce contexte, les hommes ont souvent une maîtresse ou fréquentent les prostituées, mais tout cela doit se faire dans la plus grande discrétion.

Le contexte politique

Lorsque nous étudions cette époque aujourd'hui, nous avons tendance à la percevoir comme un long cheminement vers la démocratie, car c'est effectivement ce que les Français connaîtront au terme de l'Empire de Napoléon III. Or, les gens de cette époque ne pouvaient imaginer que ce Second Empire, malgré son aspect répressif, allait générer une stabilité politique qui deviendrait le fondement de l'harmonie sociale et de l'aptitude aux compromis, toutes choses nécessaires à la démocratie mais qui étaient impensables dans la première moitié du siècle.

En effet, après la Révolution française et le Premier Empire de Napoléon Ier, le peuple français est déchiré entre plusieurs options politiques, allant du monarchisme au républicanisme. Non seulement chaque groupe social a ses propres préoccupations, mais au sein du groupe, les membres ne sont pas d'accord sur la manière de faire valoir leurs intérêts. C'est la raison pour laquelle au cours de la première moitié du dix-neuvième siècle, le pouvoir politique ira à celui que l'on croit le plus apte à calmer les ardeurs partisanes et à maintenir une certaine stabilité politique. De 1814 à 1848, la France aura donc trois rois : Louis XVIII, Charles X (deux frères du défunt Louis XVI), puis Louis-Philippe Ier, fils de Philippe d'Orléans, un duc surnommé Philippe Égalité en raison de sa participation à la Révolution française. Le choix de ce dernier roi (à la fois fils de duc et de révolutionnaire) montre clairement la volonté de concilier des visions politiques souvent fort éloignées. Néanmoins, ces régimes serviront surtout les intérêts de la bourgeoisie et de la noblesse, désormais associées dans leur quête effrénée de réussite financière, laissant de côté les intérêts du peuple. Cette période connaîtra donc deux insurrections qui expriment la colère des classes inférieures devant les injustices : celle de juillet 1830, de nature surtout politique, et celle de février 1848, de nature plutôt économique.

Si la révolution de juillet 1830 a peu de répercussions sur Baudelaire, qui a alors tout juste neuf ans, celle de 1848 sera bien différente puisqu'il va y participer. Aimant l'idée de révolte, le poète monte aux barricades avec les ouvriers et les étudiants. Comme pour eux, la suite des événements provoque en lui un désenchantement considérable.

En effet, à la suite de la révolution de 1848, la Seconde République* a été instituée. Ce régime politique, qui a instauré le suffrage universel masculin et aboli l'esclavage dans les colonies françaises, a pendant un temps semblé pouvoir imposer des politiques progressistes*, mais c'était sans compter l'opposition des forces plus conservatrices, menées par Louis-Napoléon Bonaparte, neveu de Napoléon Ier. Le

République

Système politique où la gouvernance de l'État n'appartient pas à des autorités religieuses ou à la noblesse, mais au peuple. C'est le peuple qui choisit les représentants qui gouverneront l'État.

Progressiste

Qui est pour le progrès social, la transformation de la société et des mentalités.

* : *Cf. Glossaire*

Conservateur

Qui adhère à une politique conservatrice, c'est-à-dire qui cherche à défendre les valeurs et l'organisation sociale traditionnelles.

2 décembre 1851, ces conservateurs* finissent par assurer leur domination sur la politique française en s'arrogeant le pouvoir par un coup d'État, qui instaure la dictature de Louis-Napoléon Bonaparte.

L'Assemblée législative (composée de députés d'obédiences politiques et de régions diverses, comme notre Assemblée nationale) n'a qu'un pouvoir formel ; la vie politique est donc quasiment inexistante. Les libertés publiques sont suspendues, les réunions interdites, la presse et l'édition surveillées. L'enseignement n'est pas épargné : de grands professeurs sont révoqués et des disciplines sont supprimées (l'Histoire moderne par exemple). Ce n'est qu'en 1870 que ce régime s'effondrera à la suite d'une guerre désastreuse contre la Prusse et qu'avec la Troisième République, que la démocratie s'installera en France.

À retenir

- Le Second Empire, régime que Baudelaire a connu pendant la majeure partie de sa vie d'adulte, est une dictature. La liberté d'expression est limitée.
- Le capitalisme se développe et sert les intérêts de la bourgeoisie, désormais associée à la noblesse, tout en imposant des conditions de vie très dures au prolétariat.
- Le régime politique de l'époque protège les intérêts des bourgeois en écartant toute réforme susceptible de favoriser une certaine justice sociale pour les classes les plus démunies de la société.

Les contextes religieux et idéologique

Malgré les attaques dont elle a été l'objet, qui ont eu lieu lors de la Révolution et qui se perpétuent depuis, la religion est loin d'être vaincue. Les mœurs, nous

* : Cf. Glossaire

l'avons vu, en sont encore imprégnées, et dans les milieux nobles et bourgeois, on s'affiche pratiquant.

Parallèlement, la science influence, elle aussi, la mentalité de l'époque. Sans disparaître tout à fait, la superstition recule et la preuve scientifique gagne de l'importance. La religion, en ce sens, est vouée à se retrouver, à long terme, en position précaire puisque les récits et dogmes* religieux n'ont pas d'assises scientifiques et vont plutôt à l'encontre des enseignements de la science.

Dogme

Affirmation déclarée incontestable par une autorité (généralement politique ou religieuse).

De plus, le capitalisme entre souvent en contradiction avec les valeurs chrétiennes, qui prescrivent l'amour du prochain. Certes, les riches bourgeois, pour paraître se soucier du pauvre, pratiquent la charité (qui est la pierre angulaire de la morale chrétienne), c'est-à-dire qu'ils accordent une petite partie de leurs richesses à des œuvres de bienfaisance, mais cette générosité n'a souvent rien de désintéressé : en plus de servir à leur assurer le salut éternel, elle fournit aux riches bourgeois un alibi contre ceux qui les accuseraient de dureté en raison du traitement réservé aux employés.

Devant ces marques d'hypocrisie, les artistes en révolte contre la société tendent à rejeter la religion telle que la conçoit et la vit la bourgeoisie, et s'attribuent d'autres croyances mystiques, fondées plutôt sur la sacralisation de l'art.

L'art et la littérature

La situation des artistes

Le XIXᵉ siècle voit l'émergence d'artistes qui ne doivent vivre que de la vente de leurs œuvres. Il ne s'agit pas ici d'un choix, mais d'une contrainte attribuable à la

* : *Cf. Glossaire*

disparition du mécénat privé ou étatique. Le mécénat est une pratique consistant, pour un riche particulier ou un État (dits « mécènes »), à soutenir financièrement des artistes. Ce type particulier de don avait été très répandu en France, du Moyen Âge au XVIIe siècle, mais subissait un déclin notable au XIXe siècle. Cependant, l'État accorde parfois des indemnités exceptionnelles aux artistes qui font acte d'allégeance en les demandant aux ministères concernés. Baudelaire en profitera, en 1860 et en 1863, pour ses critiques littéraires et artistiques, puis en 1866 pour ses frais d'hospitalisation.

Le rôle de la presse

Le développement extraordinaire de la presse au XIXe siècle assure aux artistes un revenu minimal par l'intermédiaire de publications diverses et d'articles journalistiques. Ainsi, Baudelaire, à partir de sa mise sous tutelle financière en 1844, devient critique d'art et publie son premier poème dans une revue dès 1845. Mais, si l'on s'accorde aujourd'hui sur les qualités littéraires de la presse de l'époque, il faut bien convenir que cette situation est pour l'artiste un compromis finalement peu lucratif. Seuls certains grands auteurs populaires réussissent vraiment (Dumas, Sue et Hugo, par exemple) et seules les œuvres du genre narratif (roman, nouvelle), publiées en feuilleton, s'avèrent rémunératrices.

Le choix littéraire fait par Baudelaire pose une difficulté supplémentaire : la poésie se vend mal. Baudelaire touchera des cachets plus élevés pour ses traductions de Poe que pour ses poèmes. Ce sont même ces traductions qui le sauveront de la misère en 1863 et en 1865. En outre, la notion de droit d'auteur en est à ses balbutiements : en 1863, Baudelaire cède l'entière propriété intellectuelle de ses traductions de Poe en échange d'une rétribution immédiate plutôt qu'un pourcentage sur les ventes, qui lui aurait procuré un revenu à long terme.

Les courants littéraires

Le romantisme

Bien évidemment, le romantisme s'impose comme le grand mouvement littéraire et culturel de la première moitié du XIXe siècle. La primauté de la sensibilité sur la raison, la grande subjectivité de la vision du monde, l'exploration des formes dans une perspective libératrice, le fort désir d'évasion de la réalité par le rêve et le recours au surnaturel que l'on trouve chez les poètes romantiques marquent non seulement la France, mais l'Europe entière. On s'accorde pour dire que l'échec des *Burgraves* de Hugo en 1843 marque le déclin du romantisme. Il est vrai qu'à partir du règne de Napoléon III, le mouvement romantique s'affaiblit : à ce moment-là, plusieurs auteurs sont décédés ou ont cessé de publier. L'échec de la révolution de 1848 et le retour à un ordre oppressif ont eu raison des dernières aspirations romantiques.

Le réalisme de la modernité

Avec l'avènement du monde moderne industriel, urbain et capitaliste, la société change. De plus, en 1848, de nouvelles aspirations démocratiques et populaires voient le jour. Les écrivains réalistes se donnent le mandat de rendre compte de ce monde en transformation. Ils regroupent essentiellement des romanciers souhaitant transposer dans leurs œuvres des thèmes très actuels tels que l'argent, le pouvoir et la lutte des classes. Leurs romans se veulent crédibles et leur style vise l'intelligibilité et l'illusion du réel. Le courant réaliste marque principalement la seconde moitié du XIXe siècle.

Le symbolisme

Le symbolisme, dont Baudelaire est l'instigateur, intègre l'idée de « l'art pour l'art », une pratique poétique déjà défendue par Théophile Gautier, Théodore de Banville et Leconte de Lisle, et qui consiste en un refus de l'utile (la politique, le progrès, l'engagement, etc.) en poésie. De plus, ce mouvement partage avec le romantisme une volonté de se libérer des formes poétiques traditionnelles. Toutefois, il s'agit bel et bien d'un courant nouveau et original qui se développe durant la seconde moitié du XIXe siècle. La poésie symboliste se caractérise par la primauté de l'image, qui n'est plus perçue comme une simple « décoration » du langage, par l'importance des analogies sensorielles dans la quête de l'idéal et par l'orientation de la thématique vers l'univers des interdits religieux ou moraux (Satan, la prostitution, la vie de bohème, etc.).

À retenir

- L'art est soumis aux lois du commerce et, avec le développement de la presse, les écrivains peuvent gagner leur vie en se faisant journalistes. C'est l'apogée du roman, alors que la poésie se vend mal.
- Le romantisme est le grand courant littéraire de la première moitié du XIXe siècle. À l'époque de Baudelaire, le courant du réalisme et celui du symbolisme se développent parallèlement.
- Tout en comportant des éléments de continuité avec le romantisme, le symbolisme, mouvement lancé par Baudelaire, frappe par sa nouveauté. Il possède les caractéristiques suivantes : primauté à l'image poétique, jeux de correspondances sensorielles et goût de la provocation, sinon de la transgression morale.

Tableau des courants artistiques au XIXe siècle

ROMANTISME	RÉALISME	SYMBOLISME
Période		
1800-1848	1830-1900	1850-1914
Genre favorisé		
Poésie	Roman	Poésie
Thèmes		
Thèmes liés au lyrisme et au repli sur soi dont fait preuve le poète : • amour déçu, • nature, • exotisme, • fuite du temps, • mort, • mélancolie, • rêve.	Thèmes visant à rendre la dynamique sociale intelligible au lecteur et à illustrer des hypothèses scientifiques : • conflits d'intérêts et luttes de classes ; • thèmes du pouvoir, de l'argent, de la guerre ; • refus de l'idéalisation dans le traitement des thèmes de l'amour, du désir et de la religion ; • thèmes de l'hérédité, de la culpabilité, de la violence.	Thématique subversive : • marginalité, • révolte, • liberté, • monde urbain, • monde nocturne, • invocation de Satan.

Tableau des courants artistiques au XIXᵉ siècle (suite)

Styles		
Image • Les sentiments sont exprimés avec violence, à l'aide de nombreuses métaphores et de comparaisons traduisant la complexité du monde et de l'être humain.	**Image** • L'auteur exprime son lyrisme personnel sans nuire à la lisibilité du texte. • Il cherche à créer un effet de transparence en masquant le travail de l'écriture. • Les réseaux métaphoriques concrétisent le fonctionnement social. • Refus de la prouesse stylistique.	**Image** • Le poète considère le symbole comme l'élément essentiel du poème, établissant le lien entre le monde matériel (les sensations) et le monde spirituel (l'idéal). • Il préconise la synesthésie.
Rythme • Le poète fait preuve d'une certaine liberté à l'égard des formes traditionnelles. • Les poèmes peuvent contenir des vers à métrique variée. • Il y a également un assouplissement de l'alexandrin par l'utilisation plus fréquente de l'enjambement*.		**Rythme** • Le poète explore les possibilités formelles. • Il travaille ainsi la structure et la sonorité de la phrase et du vers. • Naissance du poème en prose.

* : Cf. Glossaire

Présentation du recueil

Liens avec la description de l'époque

En tant que poète, Baudelaire s'estime marginalisé par la société : on le constate dans son poème « Bénédiction » (I). Mais son rapport à la société est plus complexe, car il la rejette à son tour. Révolté contre l'ordre établi, rejetant la vision du monde conservatrice des bourgeois, il adopte, dans ses amours, dans sa consommation d'alcool et de drogues, dans son rapport à la religion, un comportement immoral qui se répercute dans les thématiques qu'il préconise dans *Les Fleurs du mal*. En politique, Baudelaire échappe à toute catégorisation, car s'il aime l'idée de révolte, il n'adhère pas totalement aux dogmes républicains* envers lesquels il exprime des réserves dans certains de ses écrits. Son anticonformisme l'empêche d'adhérer complètement à une idéologie politique et, surtout, de se faire le porte-parole d'une idéologie dans sa poésie. Enfin, si Baudelaire partage la fascination des journaux bourgeois pour les marginaux de la société, il n'en partage pas la perception. Alors que la bourgeoisie affiche un dégoût extrême pour tout ce qui est différent, Baudelaire s'intéresse aux anticonformistes, aux exclus et aux marginaux. Ses poèmes nous montrent, par exemple, des prostituées et des lesbiennes.

La nature de la relation qui unit Baudelaire à son époque atteint sa manifestation la plus évidente dans le verdict de censure qui tombe contre *Les Fleurs du*

Républicains

Qui sont en faveur de l'instauration de la République.

* : Cf. Glossaire

mal en 1857. Pourtant, Baudelaire tente d'entrer à l'Académie française, une institution fort ancienne qui n'a pas la réputation d'être progressiste… On aurait pu croire à une bravade ou à une blague, tout au plus, si Baudelaire n'avait pas été aussi ébranlé par le fait de ne recevoir aucun vote pour sa candidature. Il semble qu'il y aurait eu chez lui un besoin d'être reconnu *en dépit* du scandale ou, peut-être, *grâce* au scandale.

Enfin, Baudelaire a connu, comme la plupart des écrivains de son époque, la nécessité d'assurer sa propre subsistance à l'aide de travaux d'écriture. Toutefois, la qualité de ses critiques d'art et de ses travaux de traduction empêche de considérer ces publications comme uniquement alimentaires. Contrairement à certains écrivains qui ont livré des articles de journaux d'intérêt éphémère et sans portée artistique, les critiques et traductions de Baudelaire sont encore aujourd'hui réputées.

Liens avec les courants artistiques et littéraires de l'époque

Tout en étant d'une grande originalité, la poésie de Baudelaire entretient des liens, parfois évidents, parfois plus ténus, avec les courants littéraires majeurs de son siècle. Par exemple, si Baudelaire se distancie des romantiques par sa conception du Beau, entre autres choses, il avouera toujours sa dette et son admiration envers ce mouvement: le poème « Tristesses de la lune » (LXXV) en témoigne.

L'influence du réalisme se fait également sentir dans la poésie baudelairienne. Avec les écrivains réalistes, le poète partage en effet un intérêt pour les sujets nouveaux et la représentation de certains types sociaux. Quelques poèmes des *Fleurs du mal* rendent compte de cette influence («Le crépuscule du soir» [LXVII], «Le crépuscule du matin» [LXVIII], «Le jeu» [LXVI]); une influence davantage affirmée dans les «Tableaux parisiens» de l'édition de 1861.

La construction recherchée des poèmes et du recueil montre que Baudelaire est attiré par la rigueur formelle propre aux tenants de «l'art pour l'art». De plus, son rejet des considérations idéologiques et sa recherche de l'idéal prouvent qu'il est sensible à cette conception de la poésie, surtout dans un poème comme «La beauté» (XVII). Cependant, Baudelaire a, dès 1852, pris ses distances avec un art finalement trop froid dans son article sur «L'École païenne»: «Congédier la passion et la raison, c'est tuer la littérature.»

En fait, Baudelaire propose un art poétique qui ouvre de nouveaux horizons dans les choix thématiques, la forme et la conception de l'image. Le tableau de la page 215 fait d'ailleurs la synthèse des caractéristiques novatrices de sa poésie.

Baudelaire

en son temps

	Vie et œuvre de Baudelaire	Événements historiques	Événements culturels et scientifiques
1821	Naissance à Paris de Charles Baudelaire.		
1827	Mort du père de Charles.		Hugo, *Cromwell*, accompagné d'une préface-manifeste en faveur du drame romantique.
1828	Remariage de sa mère avec M. Aupick.		
1830		Révolution de Juillet en France : instauration d'une monarchie constitutionnelle dont le roi est Louis-Philippe.	Hugo, *Hernani* : la pièce fait scandale et une bataille éclate en salle lors de la première.
1831	Déménagement à Lyon.		Hugo, *Notre-Dame de Paris*.
1835			Musset, *Les nuits*.
1836	Retour à Paris. Lycée Louis-le-Grand.		
1837		Début de la Rébellion des patriotes dans le Bas-Canada.	Invention du télégraphe électrique par Samuel Morse.
1839	Renvoi du lycée. Obtention du baccalauréat. Vie dépensière à Paris.		Edgar Poe, *Histoires extraordinaires*.
1841	Voyage : île Maurice, île de la Réunion, Afrique du Sud.		
1842	Perçoit l'héritage de son père. Écrit ses premiers grands poèmes. Se lie avec Jeanne Duval.		

	Vie et œuvre de Baudelaire	Événements historiques	Événements culturels et scientifiques
1844	Mis sous la tutelle d'un conseil judiciaire.		Vigny, *La Maison du berger*.
1845	Tentatives de suicide. Premières publications : *Salon de 1845* et « À une dame créole ».		Gautier, *Poésies complètes*. François-Xavier Garneau, *Histoire du Canada depuis sa découverte jusqu'à nos jours*.
1846	*Salon de 1846*. « Don Juan aux enfers ». « À une Malabaraise ».	Crise économique en Europe.	
1847	Rencontre Marie Daubrun. « Les chats ».		
1848	Participe à la révolution républicaine.	Révolution en France et dans plusieurs autres pays d'Europe.	Marx et Engels, *Manifeste du parti communiste*. Début du réalisme en peinture avec Courbet et Daumier.
1851	Publication de onze poèmes recueillis sous le titre *Les limbes*.	Coup d'État de Louis-Napoléon Bonaparte.	
1852	Brouille avec Jeanne Duval. Rencontre Mme Sabatier à qui il adresse anonymement des poèmes.	Instauration du Second Empire.	Un Français fait décoller le premier dirigeable.
1853		Début de la guerre de Crimée, qui oppose la Russie impériale à une coalition formée par la France, le Royaume-Uni et l'Empire ottoman.	

	Vie et œuvre de Baudelaire	Événements historiques	Événements culturels et scientifiques
1854	Liaison avec Marie Daubrun.		
1855	Premières rédactions de poèmes en prose. Publie 18 poèmes sous le titre *Les Fleurs du mal*.		Nerval, *Aurélia*. Brûleur à gaz de Bunsen.
1856	Publication de la traduction des *Histoires extraordinaires* et des *Nouvelles histoires extraordinaires* d'Edgar Poe.	Fin de la guerre de Crimée : traité de Paris.	Hugo, *Les contemplations*.
1857	Mort du général Aupick. Publication et condamnation des *Fleurs du mal*.		Flaubert, *Madame Bovary*.
1858			Octave Crémazie, « Le Drapeau du Carillon ».
1859	*Salon de 1859*.	Guerre entre la France et l'Italie.	Darwin, *De l'origine des espèces*.
1860	Première crise cérébrale.	Traité de Savoie : l'Italie cède la Savoie et Nice à la France.	
1861	Échec de sa candidature à l'Académie française. Seconde édition des *Fleurs du mal*.	Début de la guerre de Sécession aux États-Unis.	

	Vie et œuvre de Baudelaire	Événements historiques	Événements culturels et scientifiques
1862			Hugo, *Les Misérables*.
1863	Dans *Le peintre de la vie moderne*, il expose sa théorie de la « modernité ». *L'œuvre et la vie de Delacroix*.		Philippe Aubert de Gaspé (père), *Les anciens Canadiens*. Première automobile à pétrole par Lenoir. Premier chemin de fer souterrain à Londres.
1864	Départ en Belgique. Publication de quatre poèmes en prose sous le titre de *Spleen de Paris*.	Obtention du droit de grève en France.	
1865	Crise.	Abolition de l'esclavage aux États-Unis.	Claude Bernard, *Introduction à l'étude de la médecine expérimentale*.
1866	Crise d'hémiplégie et aphasie. Publication des *Épaves* et des *Nouvelles fleurs du mal*.	Agitation sociale en France.	Verlaine, *Poèmes saturniens*. Alfred Nobel invente la dynamite.
1867	Mort de Baudelaire.	Fédération canadienne.	Marx, *Le capital*. Exposition universelle à Paris.

Fleur du mal. Tableau d'Odilon Redon, v. 1890.

Les Fleurs du mal

Baudelaire

Édition originale de 1857

On dit qu'il faut couler les execrables[1] choses
Dans le puits de l'oubli et au sepulchre[2] encloses,
Et que par les escrits[3] le mal resuscité[4]
Infectera les mœurs de la postérité[5] ;
Mais le vice n'a point pour mère la science,
Et la vertu n'est pas fille de l'ignorance.
(THÉODORE AGRIPPA D'AUBIGNÉ : *Les Tragiques*, livre II.)[6]

notes ....

1. execrables : exécrables (orthographe moderne), très mauvaises.

2. sepulchre : sépulcre (orthographe moderne), tombeau.

3. escrits : écrits (orthographe moderne).

4. resuscité : ressuscité (orthographe moderne).

5. postérité : l'avenir, le futur.

6. Cette citation est formée des vers 1083 à 1088 du livre II des *Tragiques*, un long poème satirique* et polémique* publié clandestinement en 1616 par Agrippa d'Aubigné. Cette épigraphe* disparaîtra lors de la deuxième édition, en 1861, puisqu'elle n'aura pas servi à empêcher la censure. Baudelaire voulait donc sans doute utiliser ces vers pour déjouer les risques de censure en utilisant l'argument principal des écrivains qui représentent le mal sous toutes ses formes : montrer le vice pour mieux en dégoûter les lecteurs.

* : *Cf.* Glossaire

AU POÈTE IMPECCABLE[1]
AU PARFAIT MAGICIEN ÈS LANGUE FRANÇAISE[2]

À MON TRÈS-CHER ET TRÈS-VÉNÉRÉ[3]
MAÎTRE ET AMI

THÉOPHILE GAUTIER[4]

AVEC LES SENTIMENTS
DE LA PLUS PROFONDE HUMILITÉ

JE DÉDIE
CES FLEURS MALADIVES
C. B.

---

notes

1. impeccable : étymologiquement, qui ne commet aucune faute.

2. ès langue française : en français médiéval, *ès* signifie «en les» et reste utilisé pour les titres de docteurs dans les différentes facultés universitaires. Baudelaire commet donc une faute

d'orthographe en utilisant un groupe nominal singulier. Il la corrigera dans l'édition de 1861 en lui substituant « *ès lettres françaises* ».

3. très-vénéré : au XIXᵉ siècle, il est d'usage de placer un trait d'union entre l'adverbe *très* et l'adjectif auquel il se rapporte.

4. Théophile Gautier : poète romantique (1811-1872), admiré par Baudelaire pour sa grande maîtrise de la prosodie* et son goût pour la mort et le macabre.

*: *Cf.* Glossaire

AU LECTEUR[1]

La sottise, l'erreur, le péché, la lésine[2],
Occupent nos esprits et travaillent nos corps,
Et nous alimentons nos aimables remords,
Comme les mendiants nourrissent leur vermine.

5 Nos péchés sont têtus, nos repentirs sont lâches ;
Nous nous faisons payer grassement nos aveux,
Et nous rentrons gaîment[3] dans le chemin bourbeux,
Croyant par de vils pleurs laver toutes nos taches.

Sur l'oreiller du mal c'est Satan Trismégiste[4]
10 Qui berce longuement notre esprit enchanté[5],
Et le riche métal de notre volonté
Est tout vaporisé par ce savant chimiste.

C'est le Diable qui tient les fils qui nous remuent !
Aux objets répugnants nous trouvons des appas[6] ;
15 Chaque jour vers l'Enfer nous descendons d'un pas,
Sans horreur, à travers des ténèbres qui puent.

Ainsi qu'un débauché pauvre qui baise et mange
Le sein martyrisé d'une antique catin[7],
Nous volons au passage un plaisir clandestin
20 Que nous pressons bien fort comme une vieille orange.

notes

1. Poème publié dans la *Revue des Deux Mondes* le 1er juin 1855.

2. lésine : avarice mesquine, mot rare au XIXe siècle.

3. gaîment : « *gaiement* » dans l'édition de 1861.

4. Trismégiste : « trois fois grand » en grec. Il s'applique normalement au dieu grec Hermès en tant que fondateur de la magie, des sciences occultes et mystérieuses.

5. enchanté : ensorcelé, envoûté (sens étymologique et ancien de « *être sous l'emprise d'un charme, d'un enchantement* »).

6. appas : attraits, charmes, notamment féminins (orthographe moderne : appâts).

7. catin : prostituée.

Dans nos cerveaux malsains, comme un million d'helminthes[1],
Grouille, chante et ripaille[2] un peuple de Démons,
Et, quand nous respirons, la Mort dans nos poumons
S'engouffre, comme un fleuve, avec de sourdes plaintes[3].

25   Si le viol, le poison, le poignard, l'incendie
N'ont pas encore brodé de leurs plaisants dessins
Le canevas banal de nos piteux destins,
C'est que notre âme, hélas ! n'est pas assez hardie.

Mais parmi les chacals, les panthères, les lyces[4],
30   Les singes, les scorpions, les vautours, les serpents,
Les monstres glapissants, hurlants, grognants, rampants,
Dans la ménagerie infâme de nos vices

Il en est un plus laid, plus méchant, plus immonde !
Quoiqu'il ne fasse ni grands gestes ni grands cris,
35   Il ferait volontiers de la terre un débris
Et dans un bâillement avalerait le monde ;

C'est l'Ennui ! – l'œil chargé d'un pleur involontaire,
Il rêve d'échafauds en fumant son houka[5].
Tu le connais, lecteur, ce monstre délicat,
40   – Hypocrite lecteur, – mon semblable, – mon frère[6] !

notes

1. helminthes : vers intestinaux parasites de l'homme.

2. ripaille : ripailler signifie manger et boire en abondance, et même avec excès.

3. vers 21-24, variante de 1861 : « *Serré, fourmillant, comme un million d'helminthes, / Dans nos cerveaux ribote un peuple de Démons, / Et, quand nous respirons, la Mort dans nos poumons / Descend, fleuve invisible, avec de sourdes plaintes.* »

4. lyces : ce latinisme désigne la femelle du loup (*lysisca :* la louve). Ce terme, orthographié « lices » dans l'édition de 1861, désigne aussi la femelle d'un chien de chasse. Au sens figuré, il désigne les femmes lascives.

5. houka : pipe orientale, semblable au narghileh. On peut voir ici une allusion au personnage éponyme de *Fortunio* de Gautier (nouvelle parue en 1838) qui tue son ennui par ce divertissement (ch. XVI, XX) avant de fuir définitivement une Europe dégradée par le progrès.

6. Même réflexion, en 1856, dans la Préface des *Contemplations* de Hugo : « *Ah ! Insensé qui crois que je ne suis pas toi !* »

47

spleen et idéal

I. BÉNÉDICTION

Lorsque, par un décret des puissances suprêmes,
Le Poète apparaît en ce monde ennuyé,
Sa mère épouvantée et pleine de blasphèmes[1]
Crispe ses poings vers Dieu qui la prend en pitié :

5 – « Ah ! que n'ai-je mis bas tout un nœud de vipères,
Plutôt que de nourrir cette dérision[2] !
Maudite soit la nuit aux plaisirs éphémères
Où mon ventre a conçu mon expiation[3] !

Puisque tu m'as choisie entre toutes les femmes
10 Pour être le dégoût de mon triste mari,
Et que je ne puis pas rejeter dans les flammes,
Comme un billet d'amour[4], ce monstre rabougri,

notes ....

1. blasphèmes : paroles
outrageantes pour une
religion, ou une divinité.

3. expiation : punition,
châtiment infligé comme
réparation d'une faute.

2. dérision : objet insignifiant,
ridicule, méprisable.

4. billet d'amour : lettre
d'amour ou billet doux.

Je ferai rejaillir ta haine qui m'accable
Sur l'instrument maudit de tes méchancetés,
15 Et je tordrai si bien cet arbre misérable
Qu'il ne pourra pousser ses boutons empestés[1] ! »

Elle ravale ainsi l'écume de sa haine,
Et, ne comprenant pas les desseins éternels,
Elle-même prépare au fond de la Géhenne[2]
20 Les bûchers consacrés aux crimes maternels.

Pourtant, sous la tutelle invisible d'un Ange,
L'Enfant déshérité s'enivre de soleil,
Et dans tout ce qu'il boit et dans tout ce qu'il mange
Retrouve l'ambroisie et le nectar[3] vermeil.

25 Il joue avec le vent, cause avec le nuage,
Et s'enivre en chantant du chemin de la croix[4],
Et l'Esprit qui le suit dans son pèlerinage
Pleure de le voir gai comme un oiseau des bois.

Tous ceux qu'il veut aimer l'observent avec crainte,
30 Ou bien, s'enhardissant de sa tranquillité,
Cherchent à qui saura lui tirer une plainte,
Et font sur lui l'essai de leur férocité.

notes

1. Les vers 5 à 16 sont l'inversion du discours de Marie qui rend grâce à Dieu de l'avoir « *bénie entre toutes les femmes* » en la choisissant comme mère de Jésus (Luc, I 42-49).

2. **Géhenne :** l'Enfer, le séjour des morts condamnés et réprouvés par le jugement de Dieu, selon les Évangiles.

3. **ambroisie et nectar :** respectivement nourriture et boisson des dieux dans la mythologie grecque.

4. **chemin de la croix :** allusion au chemin de croix de Jésus-Christ, qui désigne la longue marche au supplice durant laquelle il a dû lui-même porter la croix sur laquelle il allait être sacrifié.

Dans le pain et le vin[1] destinés à sa bouche
Ils mêlent de la cendre avec d'impurs crachats ;
35 Avec hypocrisie ils jettent ce qu'il touche,
Et s'accusent d'avoir mis leurs pieds dans ses pas.

Sa femme va criant sur les places publiques :
« Puisqu'il me trouve belle et qu'il veut m'adorer,
Je ferai le métier des idoles antiques,
40 Que souvent il fallait repeindre et redorer[2] ;

Et je veux me soûler de nard, d'encens, de myrrhe[3],
De génuflexions, de viandes et de vins,
Pour savoir si je puis dans un cœur qui m'admire
Usurper en riant les hommages divins !

45 Et quand je m'ennuierai de ces farces impies[4],
Je poserai sur lui ma frêle et forte main ;
Et mes ongles, pareils aux ongles des harpies[5],
Sauront jusqu'à son cœur se frayer un chemin.

Comme un tout jeune oiseau qui tremble et qui palpite,
50 J'arracherai ce cœur tout rouge de son sein,
Et, pour rassasier ma bête favorite,
Je le lui jetterai par terre avec dédain ! »

Vers le Ciel, où son œil voit un trône splendide,
Le Poète serein lève ses bras pieux,

notes

1. le pain et le vin : les deux aliments symboliques du dernier repas de Jésus, que les chrétiens se partagent au moment de la communion, en mémoire de cela.

2. Vers 40, variante de 1861 : « *Et comme elles je veux me faire redorer ; ».*

3. nard, encens et myrrhe : parfums orientaux. La myrrhe et l'encens font partie des cadeaux des Rois Mages à l'enfant Jésus. Variante de 1861 : « *Et je me soûlerai de nard, d'encens, de myrrhe, ».*

4. impies : contraires à la piété, à la pratique religieuse.

5. harpies : monstres de la mythologie grecque composés d'une tête de femme et d'un corps de rapace.

55   Et les vastes éclairs de son esprit lucide
Lui dérobent l'aspect des peuples furieux :

    – « Soyez béni, mon Dieu, qui donnez la souffrance
Comme un divin remède à nos impuretés,
Et comme la meilleure et la plus pure essence[1]
60   Qui prépare les forts aux saintes voluptés !

    Je sais que vous gardez une place au Poète
Dans les rangs bienheureux des saintes Légions[2],
Et que vous l'invitez à l'éternelle fête
Des Trônes, des Vertus, des Dominations[3] ;

65   Je sais que la douleur est la noblesse unique
Où ne mordront jamais la terre et les enfers,
Et qu'il faut pour tresser ma couronne mystique[4]
Imposer[5] tous les temps et tous les univers.

    Mais les bijoux perdus de l'antique Palmyre[6],
70   Les métaux inconnus, les perles de la mer,
Montés par votre main, ne pourraient pas suffire[7]
À ce beau diadème éblouissant et clair ;

    Car il ne sera fait que de pure lumière,
Puisée au foyer saint des rayons primitifs,
75   Et dont les yeux mortels, dans leur splendeur entière,
Ne sont que des miroirs obscurcis et plaintifs ! »

notes

1. **essence** : substance la plus pure extraite d'une chose par raffinements successifs.
2. **saintes Légions** : armées des anges à la solde de Dieu.
3. **Trônes, Vertus, Dominations** : termes théologiques désignant trois catégories d'anges appartenant à la hiérarchie céleste.
4. **couronne mystique** : décoration délivrée par Dieu aux martyrs de la foi.
5. **imposer** : soumettre à l'impôt, mettre à contribution.
6. **Palmyre** : ancienne capitale de la Mésopotamie (Syrie) célèbre pour sa richesse et sa beauté aux IIe et IIIe siècles de notre ère.
7. **Vers 71, variante de 1861** : « *Par votre main montés, ne pourraient pas suffire* ».

II. LE SOLEIL

Le long du vieux faubourg, où pendent aux masures[1]
Les persiennes, abri des secrètes luxures[2],
Quand le soleil cruel frappe à traits redoublés
Sur la ville et les champs, sur les toits et les blés,
5 Je vais m'exercer seul à ma fantasque[3] escrime,
Flairant dans tous les coins les hasards de la rime,
Trébuchant sur les mots comme sur les pavés,
Heurtant parfois des vers depuis long-temps rêvés.

Ce père nourricier, ennemi des chloroses[4],
10 Éveille dans les champs les vers comme les roses ;
Il fait s'évaporer les soucis vers le ciel,
Et remplit les cerveaux et les ruches de miel.
C'est lui qui rajeunit les porteurs de béquilles
Et les rend gais et doux comme des jeunes filles,
15 Et commande aux moissons de croître et de mûrir
Dans le cœur immortel qui toujours veut fleurir !

Quand, ainsi qu'un poète, il descend dans les villes,
Il ennoblit le sort des choses les plus viles[5],
Et s'introduit en roi, sans bruit et sans valets,
20 Dans tous les hôpitaux et dans tous les palais.

notes ··

1. **masures** : maisons délabrées.
2. **luxures** : désignent ici les débauches et les vices qui s'y rattachent.
3. **fantasque** : imprévisible et étonnante.
4. **chloroses** : anémies qui se caractérisent notamment par la pâleur du visage.
5. **viles** : basses. Cet adjectif est l'antonyme* de «noble» (pensez à *vilain* : le paysan).

* : *Cf.* Glossaire

III. ÉLÉVATION

force supérieur

Énum.
Au-dessus des étangs, au-dessus des vallées,
Des montagnes, des bois, des nuages, des mers,
Par-delà le soleil, par-delà les éthers[1],
Par-delà les confins[2] des sphères étoilées,

5 Mon esprit, tu te meus avec agilité,
Et, comme un bon nageur qui se pâme[3] dans l'onde,
Tu sillonnes gaîment[4] l'immensité profonde
Avec une indicible et mâle volupté.

Envole-toi bien loin de ces miasmes morbides[5] ;
10 Va te purifier dans l'air supérieur,
Et bois, comme une pure et divine liqueur,
Le feu clair qui remplit les espaces limpides.

Derrière les ennuis et les sombres chagrins[6]
Qui chargent de leurs poids l'existence brumeuse,
15 Heureux celui qui peut d'une aile vigoureuse
S'élancer vers les champs lumineux et sereins ;

Celui dont les pensers[7], comme des alouettes,
Vers les cieux le matin prennent un libre essor,
– Qui plane sur la vie, et comprend sans effort
20 Le langage des fleurs et des choses muettes !

notes

1. éthers : dans la mythologie antique, les espaces célestes et liquides où règnent les dieux.

2. confins : régions situées aux extrêmes limites d'un territoire.

3. se pâme : tombe en extase, en pâmoison.

4. gaîment : orthographe ancienne ; lire «*gaiement*».

5. miasmes morbides : émanations infectieuses propageant des épidémies mortelles.

6. Vers 13, variante de 1861 : « *Derrière les ennuis et les vastes chagrins* ».

7. pensers : pensées (archaïsme).

53

IV. CORRESPONDANCES

La Nature est un temple où de vivants piliers
Laissent parfois sortir de confuses paroles ;
L'homme y passe à travers des forêts de symboles
Qui l'observent avec des regards familiers.

5 Comme de longs échos qui de loin se confondent,
Dans une ténébreuse et profonde unité,
Vaste comme la nuit et comme la clarté,
Les parfums, les couleurs et les sons se répondent.

Il est des parfums frais comme des chairs d'enfants,
10 Doux comme les hautbois[1], verts comme les prairies,
– Et d'autres, corrompus[2], riches et triomphants,

Ayant l'expansion des choses infinies,
Comme l'ambre[3], le musc[4], le benjoin[5] et l'encens[6],
Qui chantent les transports[7] de l'esprit et des sens.

passage analysé (marge)

notes

1. hautbois : instrument à vent à la sonorité chaude et nasale, plus grave que la clarinette.

2. corrompus : au sens propre, altérés, en décomposition ; au sens figuré, dépravé, dissolu, vénal (valeur morale).

3. ambre : concrétions intestinales du cachalot dégageant un parfum exotique sucré et capiteux.

4. musc : substance ayant la consistance du miel, sécrétée par les glandes abdominales d'un cervidé asiatique. Le parfum qui en est tiré est très épicé.

5. benjoin : substance aromatique provenant de la résine d'un arbre des Indes.

6. encens : substance résineuse qui, une fois brûlée, répand une odeur forte et chaude. C'est un parfum à forte connotation spirituelle puisqu'il est souvent répandu lors de cérémonies religieuses grâce à un encensoir.

7. transports : enthousiasme, exaltation, emportement (acception classique et figurée). Étymologiquement, en latin, ce mot a le sens qu'a le mot métaphore* en grec, à savoir transporter ou transposer au-delà ou par-delà.

*: Cf. Glossaire

V

J'aime le souvenir de ces époques nues,
Dont le soleil[1] se plaît à dorer les statues.
Alors l'homme et la femme en leur agilité
Jouissaient sans mensonge et sans anxiété,
5   Et, le ciel amoureux leur caressant l'échine,
Exerçaient la santé de leur noble machine[2].
Cybèle[3] alors, fertile en produits généreux,
Ne trouvait point ses fils un poids trop onéreux[4],
Mais, louve au cœur gonflé de tendresses communes,
10 Abreuvait l'univers à ses tétines brunes.
L'homme élégant, robuste et fort, avait le droit
D'être fier des beautés dont il était le roi[5] ;
Fruits purs de tout outrage et vierges[6] de gerçures,
Dont la chair lisse et ferme appelait les morsures !

15 Le poète aujourd'hui, quand il veut concevoir
Ces natives[7] grandeurs, aux lieux[8] où se font voir
La nudité de l'homme et celle de la femme,
Sent un froid ténébreux envelopper son âme
À l'aspect du tableau plein d'épouvantement[9]

notes

1. Vers 2, variante de 1861 : « *Dont Phœbus se plaisait à dorer les statues* ». Phœbus désigne Apollon quand on l'évoque en tant que dieu du soleil et de la lumière.

2. machine : le corps ou l'organisme humain ; sens classique (XVIIᵉ siècle) du terme.

3. Cybèle : déesse grecque de la terre et notamment de la végétation et de l'agriculture. Elle représente la fertilité, la fécondité.

4. onéreux : coûteux.

5. Vers 12, variante de 1861 : « *D'être fier des beautés qui le nommaient leur roi ;* ».

6. vierges de : qui ne sont pas salis de.

7. natives : originelles, qui a rapport à la naissance, à l'origine.

8. lieux : les ateliers des peintres et des sculpteurs.

9. Vers 19 à 23, variante de 1861 : « *Devant ce noir tableau plein d'épouvantement. / Ô monstruosités pleurant leur vêtement ! / Ô ridicules troncs ! torses dignes des masques ! Ô pauvres corps tordus, maigres, ventrus ou flasques, / Que le dieu de l'Utile, implacable et serein,* ».

20   Des monstruosités que voile un vêtement ;
    Des visages manqués et plus laids que des masques ;
    De tous ces pauvres corps, maigres, ventrus ou flasques,
    Que le Dieu de l'utile, implacable et serein,
    Enfants, emmaillota dans ses langes d'airain[1] ;
25   De ces femmes, hélas ! pâles comme des cierges[2] ;
    Que ronge et que nourrit la honte, et de ces vierges
    Du vice maternel traînant l'hérédité
    Et toutes les hideurs de la fécondité !

    Nous avons, il est vrai, nations corrompues[3],
30   Aux peuples anciens des beautés inconnues :
    Des visages rongés par les chancres[4] du cœur,
    Et comme qui dirait des beautés de langueur[5] ;
    Mais ces inventions de nos muses tardives
    N'empêcheront jamais les races maladives
35   De rendre à la jeunesse un hommage profond,
    – À la sainte jeunesse, à l'air simple, au doux front,
    À l'œil limpide et clair ainsi qu'une eau courante,
    Et qui va répandant sur tout, insouciante
    Comme l'azur du ciel, les oiseaux et les fleurs,
40   Ses parfums, ses chansons et ses douces chaleurs !

notes

1. airain : bronze (terme ancien et poétique).

2. Vers 25-26, variante de 1861 : « *Et vous, femmes, hélas ! pâles comme des cierges, / Que ronge et que nourrit la débauche, et vous, vierges,* ».

3. corrompues : dépravées, dissolues, décadentes (sens figuré). Au sens propre, altérées, décomposées.

4. chancres : plaies.

5. langueur : état dépressif, mélancolique dû à une fatigue nerveuse.

VI. LES PHARES

Rubens[1], fleuve d'oubli, jardin de la paresse,
Oreiller de chair fraîche où l'on ne peut aimer,
Mais où la vie afflue et s'agite sans cesse,
Comme l'air dans le ciel et la mer dans la mer ;

5   Léonard de Vinci[2], – miroir profond et sombre,
Où des anges charmants, avec un doux souris[3]
Tout chargé de mystère, apparaissent à l'ombre
Des glaciers et des pins qui ferment leur pays ;

Rembrandt[4], – triste hôpital tout rempli de murmures,
10   Et d'un grand crucifix décoré seulement,
Où la prière en pleurs s'exhale[5] des ordures,
Et d'un rayon d'hiver traversé brusquement ;

Michel-Ange[6], – lieu vague où l'on voit des Hercules
Se mêler à des Christs, et se lever tout droits
15   Des fantômes puissants, qui dans les crépuscules
Déchirent leur suaire[7] en étirant leurs doigts ;

---

notes

1. Rubens : peintre flamand (1577-1640) dont le style, baroque, se caractérise par le mouvement et l'opulence des formes.

2. Léonard de Vinci : peintre italien de la Renaissance (1452-1519). Le quatrain évoque sans doute Le portrait de Mona Lisa dit *La Joconde* (« miroir profond », « doux souris ») mais aussi *La Vierge, L'Enfant Jésus et sainte Anne* et *La Vierge aux rochers* (vers 7 et 8).

3. souris : archaïsme, lire « sourire ».

4. Rembrandt : peintre et graveur hollandais (1606-1669), célèbre pour l'utilisation du clair-obscur. Le quatrain semble évoquer des gravures comme *Les Trois Croix* (« grand crucifix », « rayon d'hiver ») ou *Le Christ guérissant les malades* dite *La Pièce aux cents florins* (« triste hôpital... »).

5. s'exhale : se répand (en parlant d'un parfum ou d'une odeur).

6. Michel-Ange : peintre et sculpteur italien de la Renaissance (1475-1564) au style empreint de force et d'énergie. Le quatrain semble évoquer *Le Jugement dernier* (fresque de la Chapelle Sixtine à Rome).

7. suaire : drap blanc ou linceul dans lequel on enveloppe les morts.

Colères de boxeurs, impudences de faune[1],
Toi qui sus ramasser la beauté des goujats[2],
Grand cœur gonflé d'orgueil, homme débile[3] et jaune,
20 Puget[4], mélancolique empereur des forçats ;

Watteau[5], – ce carnaval, où bien des cœurs illustres,
Comme des papillons, errent en flamboyant,
Décors frais et légers éclairés par des lustres
Qui versent la folie à ce bal tournoyant ;

25 Goya[6], – cauchemar plein de choses inconnues,
De fœtus qu'on fait cuire au milieu des sabbats[7],
De vieilles au miroir et d'enfants toutes nues
Pour tenter les Démons[8] ajustant bien leurs bas ;

---

notes ....

1. faune : divinité sylvestre de la mythologie antique, il est représenté comme un être hybride, mi-homme, mi-chèvre.

2. goujats : valets d'armée, par extension gens grossiers et rustres, sans manières.

3. débile : malade, faible.

4. Puget : sculpteur français (1620-1694) célèbre pour son *Milon de Crotone dévoré par un lion* qu'évoque peut-être le vers 17, pour son caractère renfermé et pour avoir utilisé des forçats du bagne de Toulon comme modèles.

5. Watteau : peintre français (1684-1721) célèbre pour ses représentations de fêtes galantes. Baudelaire connaissait en tout cas une de ses plus célèbres toiles, *L'Embarquement pour Cythère*.

6. Goya : peintre et graveur espagnol (1746-1828), adulé par le Romantisme, notamment pour ses *Caprices*, recueil de gravures fantastiques, grotesques et satiriques à la fois. Baudelaire fait nettement allusion à *Tous tomberont* (*Todos caeran*) au vers 26, à *Jusqu'à la mort* (*Hasta la muerte*) au vers 27, et à *Il est bien tiré* (*Bien tirada esta*) au vers 28.

7. sabbats : assemblées nocturnes de sorcières caractérisées par le bruit, l'agitation et la fureur.

8. Vers 28, variante de 1861 : « *démons* ».

Delacroix[1], – lac de sang hanté des mauvais anges,
30 Ombragé par un bois de sapins toujours vert,
Où, sous un ciel chagrin, des fanfares étranges
Passent, comme un soupir étouffé de Weber[2] ;

Ces malédictions, ces blasphèmes[3], ces plaintes,
Ces extases, ces cris, ces pleurs, ces *Te Deum*[4],
35 Sont un écho redit par mille labyrinthes ;
C'est pour les cœurs mortels un divin opium.

C'est un cri répété par mille sentinelles,
Un ordre renvoyé par mille porte-voix ;
C'est un phare allumé sur mille citadelles,
40 Un appel de chasseurs perdus dans les grands bois !

Car c'est vraiment, Seigneur, le meilleur témoignage
Que nous puissions donner de notre dignité
Que ce long hurlement qui roule d'âge en âge[5]
Et vient mourir au bord de votre éternité !

notes

1. **Delacroix** : peintre français (1798-1863) qui incarne le romantisme en peinture et que Baudelaire a célébré maintes fois comme le peintre idéal du surnaturalisme (vers 29), de la couleur (vers 29 et 30), du drame humain et métaphysique (vers 31) et des harmonies et des correspondances quasi musicales que son art révèle (vers 32).

2. **Weber** : compositeur et musicien allemand (1786-1826). Baudelaire admira son *Invitation à la valse*, qu'il cite et semble transposer dans « L'invitation au voyage », pièce XLIX, p. 118 (en vers comme en prose).

3. **blasphèmes** : paroles outrageantes prononcées à l'encontre d'une religion.

4. ***Te Deum*** : *incipit** du cantique chrétien « Te Deum laudamus » (« *Nous te louons, Dieu* »).

5. **Vers 44, variante de 1861** : « *Que cet ardent sanglot qui roule d'âge en âge* ».

* : *Cf.* Glossaire

VII. LA MUSE MALADE

Ma pauvre muse[1], hélas ! qu'as-tu donc ce matin ?
Tes yeux creux sont peuplés de visions nocturnes,
Et je vois tour à tour réfléchies sur ton teint
La folie et l'horreur, froides et taciturnes.

5   Le succube[2] verdâtre et le rose lutin[3]
T'ont-ils versé la peur et l'amour de leurs urnes[4] ?
Le cauchemar[5], d'un poing despotique et mutin,
T'a-t-il noyée au fond d'un fabuleux Minturnes[6] ?

Je voudrais qu'exhalant l'odeur de la santé
10   Ton sein de pensers[7] forts fût toujours fréquenté,
Et que ton sang chrétien coulât à flots rhythmiques[8]

Comme les sons nombreux[9] des syllabes antiques,
Où règnent tour à tour le père des chansons,
Phœbus[10], et le grand Pan[11], le seigneur des moissons.

notes

1. muse : dans la mythologie grecque, les muses sont les neuf filles de Mnémosyne (déesse de la mémoire) et elles représentent chacune un art en particulier. Elles ont pour fonction d'inspirer les artistes et de les aider dans leurs créations. Il s'agit ici de Polymnie, la muse de la poésie lyrique.

2. succube : dans la religion chrétienne, démon qui prend la forme de la femme pour tenter de corrompre l'homme pendant son sommeil.

3. lutin : petit démon espiègle et malicieux qui apparaît à la nuit tombée.

4. urnes : vases funéraires, récipients où l'on place les cendres du défunt.

5. cauchemar : désigne ici l'incube (démon masculin) qui tourmente ses victimes durant leur sommeil. Par extension, rêve pénible et angoissant (sens moderne).

6. Minturnes : ville du Latium, célèbre dans l'Antiquité pour son marécage dans lequel Marius se cacha et s'y enfonça jusqu'au cou (en 88 av. J.-C.) durant la guerre civile qui l'opposa à Sylla pour la conquête du pouvoir à Rome.

7. pensers : archaïsme, lire « pensées ».

8. rhythmiques : archaïsme, lire « rythmiques ».

9. nombreux : au sens classique d'harmonieux, rythmés, cadencés.

10. Phœbus : désigne Apollon en tant que dieu du Soleil. Apollon est aussi le dieu grec de la poésie et des arts.

11. Pan : dieu de la nature en tant que puissance féconde et fertile (*pan* signifie « tout » en grec).

VIII. LA MUSE VÉNALE[1]

Ô muse de mon cœur, amante des palais,
Auras-tu quand Janvier lâchera ses Borées[2],
Durant les noirs ennuis des neigeuses soirées,
Un tison[3] pour chauffer tes deux pieds violets ?

5   Ranimeras-tu donc tes épaules marbrées
Aux nocturnes rayons qui percent les volets ?
Sentant ta bourse à sec autant que ton palais,
Récolteras-tu l'or des voûtes azurées ?

Il te faut, pour gagner ton pain de chaque soir,
10   Comme un enfant de chœur, jouer de l'encensoir[4],
Chanter des *Te Deum*[5] auxquels tu ne crois guère,

Ou, saltimbanque[6] à jeun, étaler tes appas[7]
Et ton rire trempé de pleurs qu'on ne voit pas,
Pour faire épanouir la rate[8] du vulgaire[9].

---

notes

1. vénale : du latin *venum* (vente), caractérise l'être, la fonction ou la chose qu'on peut obtenir par le moyen de l'argent. L'expression « *femmes vénales* » désigne les prostituées.

2. Borées : Borée est la personnification mythologique du vent du nord dans l'Antiquité.

3. tison : morceau de bois en partie calciné dégageant de la chaleur.

4. encensoir : récipient dans lequel brûle l'encens lors de cérémonies religieuses. L'expression « *jouer de l'encensoir* » est synonyme de notre moderne « *encenser* » qui signifie flatter exagérément.

5. Te Deum : *incipit* du cantique « *Te Deum laudamus* » (« *Nous te louons, Dieu* »).

6. saltimbanque : acrobate, celui qui fait des sauts (salt-) pour amuser et divertir.

7. appas : attraits (orthographe moderne : appâts).

8. épanouir la rate : expression familière qui signifie rire de bon cœur.

9. vulgaire : vient du *vulgus* latin signifiant le commun des hommes, la foule. A pris ensuite en français une connotation* péjorative.

* : *Cf.* Glossaire

IX. LE MAUVAIS MOINE[1]

Les cloîtres[2] anciens sur leurs grandes murailles
Étalaient en tableaux la sainte Vérité,
Dont l'effet réchauffant les pieuses entrailles
Tempérait la froideur de leur austérité.

5   En ces temps où du Christ florissaient les semailles[3],
Plus d'un illustre moine, aujourd'hui peu cité,
Prenant pour atelier le champ des funérailles[4],
Glorifiait la Mort avec simplicité.

– Mon âme est un tombeau que, mauvais cénobite[5],
10   Depuis l'éternité je parcours et j'habite ;
Rien n'embellit les murs de ce cloître odieux.

Ô moine fainéant ! quand saurai-je donc faire
Du spectacle vivant de ma triste misère
Le travail de mes mains et l'amour de mes yeux ![6]

---

notes

1. Poème publié en revue le 9 avril 1851, sous le titre « Le tombeau vivant ».

2. cloître : partie la plus secrète et retirée d'un monastère.

3. Lire « où florissaient les semailles du Christ ».

4. champ des funérailles : périphrase* désignant le cimetière.

5. cénobite : moines qui ont vécu en communauté durant les premiers siècles du christianisme.

6. Dans l'édition de 1861, le poème se finit par un point d'interrogation.

*: Cf. Glossaire

Spleen et idéal

X. L'ENNEMI[1]

Ma jeunesse ne fut qu'un ténébreux orage,
Traversé çà et là par de brillants soleils ;
Le tonnerre et la pluie ont fait un tel ravage
Qu'il reste en mon jardin bien peu de fruits vermeils.

5 Voilà que j'ai touché l'automne des idées,
Et qu'il faut employer la pelle et les râteaux
Pour rassembler à neuf[2] les terres inondées,
Où l'eau creuse des trous grands comme des tombeaux.

Et qui sait si les fleurs nouvelles que je rêve
10 Trouveront dans ce sol lavé comme une grève[3]
Le mystique aliment qui ferait leur vigueur ?

– Ô douleur ! ô douleur ! Le Temps mange la vie,
Et l'obscur Ennemi qui nous ronge le cœur
Du sang que nous perdons croît et se fortifie !

notes --

1. Poème publié dans la
Revue des Deux Mondes
le 1er juin 1855.

2. à neuf : à nouveau.
3. grève : bord de mer,
rivage.

XI. LE GUIGNON[1]

Pour soulever un poids si lourd,
Sisyphe[2], il faudrait ton courage !
Bien qu'on ait du cœur à l'ouvrage,
L'Art est long et le Temps est court[3].

5 Loin des sépultures célèbres,
Vers un cimetière isolé,
Mon cœur, comme un tambour voilé[4],
Va battant des marches funèbres.

– Maint joyau dort enseveli
10 Dans les ténèbres et l'oubli,
Bien loin des pioches et des sondes ;

Mainte fleur épanche à regret
Son parfum doux comme un secret
Dans les solitudes profondes.

64

XII. LA VIE ANTÉRIEURE[1]

J'ai long-temps habité sous de vastes portiques[2]
Que les soleils marins teignaient de mille feux,
Et que leurs grands piliers, droits et majestueux,
Rendaient pareils, le soir, aux grottes basaltiques[3].

riche

5   Les houles, en roulant les images des cieux,
Mêlaient d'une façon solennelle et mystique
Les tout-puissants accords de leur riche musique
Aux couleurs du couchant reflété par mes yeux.

C'est là que j'ai vécu dans les voluptés[4] calmes,
10 Au milieu de l'azur, des flots et des splendeurs[5],
Et des esclaves nus, tout imprégnés d'odeurs,

Qui me rafraîchissaient le front avec des palmes,
Et dont l'unique soin était d'approfondir
Le secret douloureux qui me faisait languir[6].

---

notes

1. Poème publié dans la *Revue des Deux Mondes* le 1er juin 1855.
2. **portiques** : terme d'architecture antique désignant une galerie ouverte soutenue par des rangées de colonnes.
3. **grottes basaltiques** : grottes composées de basalte, une roche volcanique de couleur noire.
4. **voluptés** : jouissances profondes qui peuvent provenir du plaisir sexuel, sensuel ou esthétique.
5. **Vers 10, variante de 1861 :** « *Au milieu de l'azur, des vagues, des splendeurs* ».
6. **languir** : dépérir, s'affaiblir physiquement ou souffrir moralement, être peiné.

XIII. BOHÉMIENS EN VOYAGE[1]

La tribu prophétique aux prunelles ardentes
Hier s'est mise en route, emportant ses petits
Sur son dos, ou livrant à leurs fiers[2] appétits
Le trésor toujours prêt des mamelles pendantes.

5   Les hommes vont à pied sous leurs armes luisantes
Le long des chariots où les leurs sont blottis,
Promenant sur le ciel des yeux appesantis
Par le morne regret des chimères[3] absentes.

Du fond de son réduit sablonneux, le grillon,
10 Les regardant passer, redouble sa chanson ;
Cybèle[4], qui les aime, augmente ses verdures,

Fait couler le rocher et fleurir le désert[5]
Devant ces voyageurs, pour lesquels est ouvert
L'empire familier des ténèbres futures.

notes ....

1. Poème daté de 1851-1852, dont le titre initial, « La Caravane des Bohémiens », faisait allusion à « La caravane humaine », section du poème « La chute d'un ange » du poète romantique Lamartine (1790-1869). Le titre de l'édition de 1857 renvoie plus explicitement à l'estampe de Jacques Callot, *Les Bohémiens en marche* (reproduite ci-contre).

2. fiers : féroces, cruels, sauvages (sens étymologique du mot).

3. chimères : représentations considérées comme fausses ou imaginaires. Ce mot vient du nom d'un animal mythologique monstrueux composé de parties de plusieurs animaux différents.

4. Cybèle : déesse grecque de la Terre et notamment de la végétation et de l'agriculture.

5. Dans la Bible, durant l'Exode et la traversée du désert, Moïse fait jaillir l'eau de la pierre d'Horeb (Exode 17, 3-7).

*Ces pauvres Gueux pleins de bonadventures
Ne portent rien que des Choses futures.*

Les Bohémiens en marche : l'avant-garde, gravure de Jacques Callot (XVIIe siècle).

XIV. L'HOMME ET LA MER[1]

Homme libre, toujours, tu chériras la mer !
La mer est ton miroir ; tu contemples ton âme
Dans le déroulement infini de sa lame,
Et ton esprit n'est pas un gouffre moins amer.

5 Tu te plais à plonger au sein de ton image ;
Tu l'embrasses des yeux et des bras, et ton cœur
Se distrait quelquefois de sa propre rumeur
Au bruit de cette plainte indomptable et sauvage.

Vous êtes tous les deux ténébreux et discrets ;
10 Homme, nul ne connaît le fond de tes abîmes ;
Ô mer, nul ne connaît tes richesses intimes,
Tant vous êtes jaloux de garder vos secrets !

Et cependant voilà des siècles innombrables
Que vous vous combattez sans pitié ni remord[2],
15 Tellement vous aimez le carnage et la mort,
Ô lutteurs éternels, ô frères implacables !

notes

1. Publié en revue en octobre 1852 sous le titre « L'homme libre et la mer ».

2. **remord** : licence poétique* pour remords.

* : *Cf.* Glossaire

Spleen et idéal

XV. DON JUAN AUX ENFERS[1]

Quand Don Juan descendit vers l'onde souterraine,
Et lorsqu'il eut donné son obole[2] à Charon[3],
Un sombre mendiant[4], l'œil fier comme Antisthène[5],
D'un bras vengeur et fort saisit chaque aviron.

5   Montrant leurs seins pendants et leurs robes ouvertes,
Des femmes se tordaient sous le noir firmament[6],
Et, comme un grand troupeau de victimes offertes,
Derrière lui traînaient un long mugissement.

Sganarelle en riant lui réclamait ses gages[7],
10   Tandis que Don Luis[8] avec un doigt tremblant
Montrait à tous les morts errants sur le rivage[9]
Le fils audacieux qui railla[10] son front blanc.

notes

1. Publié en revue le 6 septembre 1846 sous le titre « L'impénitent », c'est le deuxième poème publié par Baudelaire sous son nom.

2. obole : pièce de monnaie placée sous la langue des morts et destinée à payer Charon selon un rite de la religion grecque antique.

3. Charon : personnage mythologique de l'Antiquité grecque dont la fonction était de faire traverser le Styx pour mener les morts aux Enfers.

4. Référence à la fameuse scène du pauvre que Don Juan humilie dans la pièce de Molière (*Dom Juan*, III, 2).

5. Antisthène : philosophe grec (444-365 av. J.-C.) qui fonda l'école philosophique des Cyniques (en grec, signifie « *propre aux chiens* »). Le mépris des richesses et des biens matériels, le vœu de pauvreté et le souci d'un retour à une vie simple et sauvage expliquent le nom qu'on leur a attribué.

6. firmament : le ciel, la voûte céleste, mot d'origine religieuse.

7. Allusion aux derniers mots prononcés par le valet de Don Juan, Sganarelle (Molière, *Dom Juan*, V, 6).

8. Don Luis : père de Don Juan ; il est en effet « *raillé* » par son fils (Molière, *Dom Juan*, IV, 4).

9. Vers 11, variante de 1861 : « *à tous les morts errant sur les rivages* ».

10. railla : du verbe « railler » qui signifie « se moquer de quelqu'un ou de quelque chose, ridiculiser ».

Frissonnant sous son deuil, la chaste et maigre Elvire[1],
Près de l'époux perfide et qui fut son amant[2],
15 Semblait lui réclamer un suprême sourire
Où brillât la douceur de son premier serment.

Tout droit dans son armure, un grand homme de pierre[3]
Se tenait à la barre et coupait le flot noir ;
Mais le calme héros courbé sur sa rapière[4]
20 Regardait le sillage et ne daignait rien voir.

notes ....

1. Elvire : femme séduite puis abandonnée par Don Juan (I, 3), elle vient en effet revêtue d'un voile l'exhorter à cesser ses offenses envers le Ciel (IV, 6).

2. amant : au sens classique (XVIIᵉ siècle) du terme, signifie ici aimant Elvire et aimé d'elle.

3. un grand homme de pierre : il s'agit du Commandeur, un homme tué par Don Juan. Celui-ci, en passant devant sa statue commémorative, le raille en l'invitant à souper (III, 5). Pour le châtier, la statue répond à l'invitation et, à la fin de la pièce (V, 6), entraîne Don Juan souper aux enfers.

4. rapière : nom de l'épée de pointe longue et affilée, très utilisée au XVIIᵉ siècle.

XVI. CHÂTIMENT DE L'ORGUEIL[1]

En ces temps merveilleux où la Théologie[2]
Fleurit avec le plus de sève et d'énergie,
On raconte qu'un jour un docteur des plus grands,
– Après avoir forcé les cœurs indifférents,
5   Les avoir remués dans leurs profondeurs noires,
Après avoir franchi vers les célestes gloires
Des chemins singuliers à lui-même inconnus,
Où les purs Esprits seuls peut-être étaient venus,
– Comme un homme monté trop haut, pris de panique,
10   S'écria, transporté d'un orgueil satanique :
« Jésus, petit Jésus ! je t'ai porté bien haut[3] !
Mais, si j'avais voulu t'attaquer au défaut
De l'armure, ta honte égalerait ta gloire,
Et tu ne serais plus qu'un fœtus dérisoire ! »

15   Immédiatement sa raison s'en alla.
L'éclat de ce soleil d'un crêpe[4] se voila ;
Tout le chaos[5] roula dans cette intelligence,
Temple autrefois vivant, plein d'ordre et d'opulence,
Sous les plafonds duquel tant de pompe avait lui.
20   Le silence et la nuit s'installèrent en lui,
Comme dans un caveau dont la clef est perdue.

notes ....

1. Poème publié en revue en 1850.
2. Théologie : science qui étudie les grandes questions et les grands problèmes d'une religion.
3. Vers 11, variante de 1861 : « *Jésus, petit Jésus ! je t'ai poussé bien haut* ».

4. crêpe : tissu léger et noir utilisé comme voile de deuil.
5. chaos : désordre, confusion. Dans la mythologie grecque, le Chaos est la personnification du vide, du néant et de l'état informe et obscur de la Terre avant la création du monde (cosmos).

Dès lors il fut semblable aux bêtes de la rue,
Et, quand il s'en allait sans rien voir, à travers
Les champs, sans distinguer les étés des hivers,
25 Sale, inutile et laid comme une chose usée,
Il faisait des enfants la joie et la risée.

Les Fleurs du mal, 1860.

XVII. LA BEAUTÉ[1]

Je suis belle, ô mortels, comme un rêve de pierre,
Et mon sein, où chacun s'est meurtri tour à tour,
Est fait pour inspirer au poète un amour
Éternel et muet ainsi que la matière.

5   Je trône dans l'azur comme un sphinx[2] incompris ;
J'unis un cœur de neige à la blancheur des cygnes ;
Je hais le mouvement qui déplace les lignes,
Et jamais je ne pleure et jamais je ne ris.

Les poètes devant mes grandes attitudes,
10 Qu'on dirait que j'emprunte aux plus fiers monuments[3],
Consumeront leurs jours en d'austères études ;

Car j'ai pour fasciner ces dociles amants
De purs miroirs qui font les étoiles plus belles[4] :
Mes yeux, mes larges yeux aux clartés éternelles !

notes

1. Poème publié en revue le 20 avril 1857.

2. **sphinx** : monstre mythologique énigmatique, mystérieux et cruel, mi-femme, mi-lion.

3. **Vers 10, variante de 1861 :** « *Que j'ai l'air d'emprunter aux plus fiers monuments,* ».

4. **Vers 13, variante de 1861 :** « *De purs miroirs qui font toutes choses plus belles :* ».

XVIII. L'IDÉAL[1]

Ce ne seront jamais ces beautés de vignettes[2],
Produits avariés, nés d'un siècle vaurien,
Ces pieds à brodequins[3], ces doigts à castagnettes,
Qui sauront satisfaire un cœur comme le mien.

5 Je laisse à Gavarni[4], poète des chloroses[5],
Son troupeau gazouillant de beautés d'hôpital ;
Car je ne puis trouver parmi ces pâles roses
Une fleur qui ressemble à mon rouge idéal.

Ce qu'il faut à ce cœur profond comme un abîme,
10 C'est vous, Lady Macbeth[6], âme puissante au crime,
Rêve d'Eschyle[7] éclos au climat des autans[8] ;

Ou bien toi, grande Nuit, fille de Michel-Ange[9],
Qui tors[10] paisiblement dans une pose étrange
Tes appas[11] façonnés aux bouches des Titans[12] !

notes

1. Poème publié en revue le 9 avril 1851.

2. beautés de vignettes : jolis visages de femmes insérés dans la vignette encadrée qui ornait la page de garde d'un livre de l'époque.

3. brodequins : bottines de femmes à lacets.

4. Gavarni : dessinateur et caricaturiste français (1804-1866) que Baudelaire considère comme l'inventeur de la « lorette » (la femme libre et libérée issue du peuple) dans son article « Quelques caricaturistes français » paru en 1857.

5. chloroses : anémies qui se caractérisent par la pâleur du visage.

6. Lady Macbeth : héroïne criminelle de *Macbeth*, l'une des tragédies les plus célèbres du dramaturge anglais Shakespeare (1564-1616), elle pousse son mari à tuer Duncan, le roi d'Écosse, pour le supplanter.

7. Eschyle : le premier et l'un des plus grands auteurs tragiques de l'Antiquité grecque (ve siècle av. J.-C.). Ses héros, victimes de la fatalité, sont dépassés par leur folie et leur démesure (en grec, l'*hybris*).

8. autans : terme poétique qui désigne un vent violent. Le « *climat des autans* » évoque donc par périphrase* l'Écosse battue par les vents et représentée par Shakespeare dans *Macbeth*.

9. Nuit, fille de Michel-Ange : allusion à la statue sculptée par Michel-Ange pour la chapelle des Médicis à Florence. Michel-Ange est considéré comme le sculpteur de l'énergie sombre et terrible. La Nuit est la mère des Titans.

10. tors : archaïsme orthographique pour « *tords* ».

11. appas : attraits, charmes, notamment féminins (orthographe moderne : appâts).

12. Titans : géants monstrueux de l'ancien panthéon de la mythologie grecque. Ils ont été précipités aux enfers par les nouveaux dieux grecs groupés autour de Zeus.

*: *Cf.* Glossaire

XIX. LA GÉANTE[1]

Du temps que la Nature en sa verve[2] puissante
Concevait chaque jour des enfants monstrueux,
J'eusse aimé vivre auprès d'une jeune géante,
Comme aux pieds d'une reine un chat voluptueux.

5 J'eusse aimé voir son corps fleurir avec son âme
Et grandir librement dans ses terribles jeux,
Deviner si son cœur couve une sombre flamme
Aux humides brouillards qui nagent dans ses yeux,

Parcourir à loisir ses magnifiques formes,
10 Ramper sur le versant de ses genoux énormes,
Et parfois en été, quand les soleils malsains,

Lasse, la font s'étendre à travers la campagne,
Dormir nonchalamment à l'ombre de ses seins,
Comme un hameau paisible au pied d'une montagne.

notes

| **1.** Poème publié en revue le 20 avril 1857. | **2. verve :** inspiration abondante et capricieuse.

XX. LES BIJOUX[1]

La très-chère[2] était nue, et, connaissant mon cœur,
Elle n'avait gardé que ses bijoux sonores,
Dont le riche attirail lui donnait l'air vainqueur
Qu'ont dans leurs jours heureux les esclaves des Maures[3].

5   Quand il jette en dansant son bruit vif et moqueur,
Ce monde rayonnant de métal et de pierre
Me ravit en extase, et j'aime avec fureur[4]
Les choses où le son se mêle à la lumière.

Elle était donc couchée, et se laissait aimer,
10   Et du haut du divan elle souriait d'aise
À mon amour profond et doux comme la mer
Qui vers elle montait comme vers sa falaise.

Les yeux fixés sur moi, comme un tigre dompté,
D'un air vague et rêveur elle essayait des poses,
15   Et la candeur unie à la lubricité[5]
Donnait un charme neuf à ses métamorphoses.

Et son bras et sa jambe, et sa cuisse et ses reins,
Polis comme de l'huile, onduleux comme un cygne,
Passaient devant mes yeux clairvoyants et sereins ;
20   Et son ventre et ses seins, ces grappes de ma vigne[6]

notes ....

1. Pièce condamnée par le tribunal correctionnel le 21 août 1857.
2. Vers 1, variante de 1866 : « *très chère* ».

3. Vers 4, variante de 1866 : « *Mores* » (Maure ou More est à l'époque un équivalent poétique d'Arabe).
4. Vers 7, variante de 1866 : « *à la fureur* ».

5. lubricité : attirance pour la débauche sexuelle.
6. Ce vers est une probable réminiscence du Cantique des cantiques : « *vos seins seront comme des grappes de raisins* » (VII, 8).

S'avançaient, plus câlins que les anges[1] du mal,
Pour troubler le repos où mon âme était mise,
Et pour la déranger du rocher de cristal,
Où calme et solitaire elle s'était assise.

25 Je croyais voir unis[2] pour un nouveau dessin
Les hanches de l'Antiope[3] au buste d'un imberbe[4],
Tant sa taille faisait ressortir son bassin.
Sur ce teint fauve et brun le fard était superbe !

– Et la lampe s'étant résignée à mourir,
30 Comme le foyer seul illuminait la chambre,
Chaque fois qu'il poussait un flamboyant soupir,
Il inondait de sang cette peau couleur d'ambre[5] !

Étude de femme vue de dos (1833),
Eugène Delacroix.

notes

1. Vers 21, variante de 1866 : « *Anges* ».
2. **unis :** cette faute d'orthographe volontaire a pour but d'éviter le décompte d'une syllabe supplémentaire que rendrait inévitable la forme « unies ».
3. **Antiope :** fille du roi de Thèbes, Nyctée, violée par Zeus pendant son sommeil.
4. **imberbe :** sans poils.
5. **couleur d'ambre :** couleur oscillant entre le brun, le jaune et le mordoré.

XXI. PARFUM EXOTIQUE

Quand, les deux yeux fermés, en un soir chaud d'automne,
Je respire l'odeur de ton sein chaleureux,
Je vois se dérouler des rivages heureux
Qu'éblouissent les feux d'un soleil monotone[1] :

5 Une île paresseuse où la nature donne
Des arbres singuliers et des fruits savoureux ;
Des hommes dont le corps est mince et vigoureux,
Et des femmes dont l'œil par sa franchise étonne.

Guidé par ton odeur vers de charmants climats,
10 Je vois un port rempli de voiles et de mâts
Encor[2] tout fatigués[3] par la vague marine,

Pendant que le parfum des verts tamariniers[4],
Qui circule dans l'air et m'enfle la narine[5],
Se mêle dans mon âme au chant des mariniers[6].

passage analysé

notes

1. monotone : à prendre ici au sens d'éternel, de continuel.

2. Encor : encore (licence poétique).

3. fatigués : peut s'entendre aussi en un sens maritime et signifier « avoir subi des avaries ».

4. tamariniers : arbres exotiques à fleurs.

5. narine : en langue classique, terme noble et poétique pour désigner le nez.

6. mariniers : désigne à l'époque les marins d'eau de mer.

XXII

Je t'adore à l'égal de la voûte nocturne[1],
Ô vase de tristesse, ô grande taciturne,
Et t'aime d'autant plus, belle, que tu me fuis,
Et que tu me parais, ornement de mes nuits,
5   Plus ironiquement accumuler les lieues
Qui séparent mes bras des immensités bleues[2].

Je m'avance à l'attaque, et je grimpe aux assauts,
Comme après un cadavre un chœur de vermisseaux,
Et je chéris, ô bête implacable et cruelle,
10   Jusqu'à cette froideur par où tu m'es plus belle !

**Dessin d'Odilon Redon
pour le poème *XXII*
des *Fleurs du mal*.**

notes
....

1. voûte nocturne : la voûte
céleste, le ciel étoilé.

2. Selon une image
traditionnelle de la poésie
amoureuse, cette strophe
assimile la femme qui refuse
l'amour à la lune et évoque
donc tout autant l'une
et l'autre.

79

XXIII

Tu mettrais l'univers entier dans ta ruelle[1],
Femme impure ! L'ennui rend ton âme cruelle.
Pour exercer tes dents à ce jeu singulier,
Il te faut chaque jour un cœur au râtelier[2].
5 Tes yeux illuminés ainsi que des boutiques
Et des ifs[3] flamboyants dans les fêtes publiques
Usent insolemment d'un pouvoir emprunté,
Sans connaître jamais la loi de leur beauté.

Machine[4] aveugle et sourde en cruautés féconde !
10 Salutaire instrument buveur du sang du monde,
Comment n'as-tu pas honte, et comment n'as-tu pas
Devant tous les miroirs vu pâlir tes appas[5] ?
La grandeur de ce mal où tu te crois savante
Ne t'a donc jamais fait reculer d'épouvante,
15 Quand la nature, grande en ces desseins cachés,
De toi se sert, ô femme, ô reine des péchés,
– De toi, vil animal, – pour pétrir un génie ?

Ô fangeuse[6] grandeur ! sublime ignominie[7] !

---

notes

1. ruelle : espace situé entre le lit et le mur. Par extension, la chambre à coucher.

2. râtelier : dans une étable, le support horizontal ajouré et situé à hauteur de la bouche des animaux où l'on place le fourrage destiné à l'alimentation du bétail.

3. ifs : conifères à petits fruits rouges.

4. machine : le corps ou l'organisme humain ; sens classique (XVIIe siècle) du terme.

5. appas : attraits de quelque chose ou de quelqu'un, et notamment les charmes féminins (orthographe moderne : appâts).

6. fangeuse : au sens propre, boueuse. Au sens figuré, abjecte, ignoble.

7. ignominie : infamie, honte, abjection.

XXIV. SED NON SATIATA[1]

Bizarre déité[2], brune comme les nuits,
Au parfum mélangé de musc[3] et de havane[4],
Œuvre de quelque obi[5], le Faust[6] de la savane,
Sorcière au flanc d'ébène[7], enfant des noirs minuits[8],

5 Je préfère au constance[9], à l'opium, au nuits[10],
L'élixir[11] de ta bouche où l'amour se pavane[12] ;
Quand vers toi mes désirs partent en caravane[13],
Tes yeux sont la citerne où boivent mes ennuis.

Par ces deux grands yeux noirs, soupiraux[14] de ton âme,
10 Ô démon sans pitié, verse-moi moins de flamme ;
Je ne suis pas le Styx[15] pour t'embrasser[16] neuf fois,

Hélas, et je ne puis, Mégère[17] libertine,
Pour briser ton courage et te mettre aux abois,
Dans l'enfer de ton lit devenir Proserpine[18] !

notes

1. **Le titre** est emprunté à la sixième satire de Juvénal (60 à 130) contre les femmes. Il décrit Messaline, l'épouse de l'empereur romain Claude, allant se prostituer dans une maison de tolérance et n'y sortant qu'à regret au moment de sa fermeture, épuisée « *mais non assouvie* » (« *sed non satiata* »).
2. **déité** : déesse.
3. **musc** : substance ayant la consistance du miel sécrétée par les glandes abdominales d'un cervidé asiatique. Le parfum qui en est tiré est très épicé.
4. **havane** : métonymie* qui désigne le tabac produit à Cuba par la simple mention de la capitale de ce pays (la Havane).
5. **obi** : sorcier d'Afrique noire.

6. **Faust** : alchimiste légendaire qui aurait vendu son âme au diable en échange de l'éternelle jeunesse.
7. **ébène** : bois africain de couleur noire.
8. **enfants des noirs minuits** : pourrait désigner les libertins, enfants de la messe de minuit, c'est-à-dire de la messe noire.
9. **constance** : vin de Constance, récolté au Cap (Afrique du Sud).
10. **nuits** : nuits-saint-georges, vin de Bourgogne.
11. **élixir** : essence, quintessence tirée d'un liquide par distillation.
12. **se pavane** : parade avec orgueil.

13. **caravane** : groupe de voyageurs réunis et organisés en formation pour effectuer un déplacement.
14. **soupiraux** : fenêtres situées au rez-de-chaussée d'un bâtiment pour en éclairer le sous-sol.
15. **Styx** : fleuve ou étendue d'eau qui, dans la mythologie grecque, marque l'entrée des Enfers en faisant neuf fois le tour.
16. **embrasser** : au sens propre, entourer de ses bras (d'un être humain ou d'un fleuve).
17. **Mégère** : une des trois Érinyes grecques ou Furies latines, déesses de la vengeance, chargées de châtier les criminels en les harcelant.
18. **Proserpine** : épouse de Pluton, dieu des Enfers, et mère des Furies.

*: Cf. Glossaire

XXV[1]

Avec ses vêtements ondoyants[2] et nacrés[3],
Même quand elle marche, on croirait qu'elle danse,
Comme ces longs serpents que les jongleurs sacrés
Au bout de leurs bâtons agitent en cadence.

5 Comme le sable morne et l'azur des déserts,
Insensibles tous deux à l'humaine souffrance,
Comme les longs réseaux de la houle des mers,
Elle se développe avec indifférence.

Ses yeux polis sont faits de minéraux charmants,
10 Et dans cette nature étrange et symbolique
Où l'ange inviolé se mêle au sphinx[4] antique,

Où tout n'est qu'or, acier, lumière et diamants,
Resplendit à jamais, comme un astre inutile,
La froide majesté de la femme stérile.

notes ··

1. Poème publié en revue
le 20 avril 1857 sous le titre
« Sonnet ».

2. ondoyants : dont le
mouvement imite celui
de l'onde, de l'eau en
mouvement.

3. nacrés : de la couleur de
la nacre, donc d'un blanc
laiteux et irisé.

4. sphinx : monstre
énigmatique, mystérieux
et cruel de la mythologie
grecque, mi-femme, mi-lion.

XXVI. LE SERPENT QUI DANSE

Que j'aime voir, chère indolente[1],
　　De ton corps si beau,
Comme une étoffe vacillante,
　　Miroiter la peau !

5　Sur ta chevelure profonde
　　Aux âcres parfums,
Mer odorante et vagabonde
　　Aux flots bleus et bruns,

Comme un navire qui s'éveille
10　　Au vent du matin,
Mon âme rêveuse appareille[2]
　　Pour un ciel lointain.

Tes yeux, où rien ne se révèle
　　De doux ni d'amer,
15　Sont deux bijoux froids où se mêle
　　L'or avec le fer.

À te voir marcher en cadence,
　　Belle d'abandon,
On dirait un serpent qui danse
20　　Au bout d'un bâton,

notes

1. **indolente** : indifférente, insensible (étymologiquement, qui ne souffre pas).

2. **appareille** : se prépare à partir, à prendre la mer (terme de marine).

Sous le fardeau de ta paresse
    Ta tête d'enfant
Se balance avec la mollesse
    D'un jeune éléphant,

25 Et ton corps se penche et s'allonge
    Comme un fin vaisseau
Qui roule bord sur bord, et plonge
    Ses vergues[1] dans l'eau.

Comme un flot grossi par la fonte
30   Des glaciers grondants,
Quand ta salive exquise monte[2]
    Au bord de tes dents,

Je crois boire un vin de Bohême,
    Amer et vainqueur,
35 Un ciel liquide qui parsème
    D'étoiles mon cœur !

notes

1. vergues : morceaux de bois disposés en croix sur le haut des mâts pour soutenir les voiles.

2. Vers 31, variante de 1861 : « *Quand l'eau de ta bouche remonte* ».

84

XXVII. UNE CHAROGNE

Rappelez-vous l'objet que nous vîmes, mon âme,
    Ce beau matin d'été si doux :
Au détour d'un sentier une charogne infâme
    Sur un lit semé de cailloux,

5 Les jambes en l'air, comme une femme lubrique[1],
    Brûlante et suant les poisons,
Ouvrait d'une façon nonchalante et cynique[2]
    Son ventre plein d'exhalaisons[3].

Le soleil rayonnait sur cette pourriture,
10   Comme afin de la cuire à point,
Et de rendre au centuple à la grande Nature
    Tout ce qu'ensemble elle avait joint.

Et le ciel regardait la carcasse superbe
    Comme une fleur, s'épanouir ;
15 – La puanteur était si forte que sur l'herbe
    Vous crûtes vous évanouir ; –

Les mouches bourdonnaient sur ce ventre putride[4],
    D'où sortaient de noirs bataillons
De larves qui coulaient comme un épais liquide
20   Le long de ces vivants haillons.

passage analysé

notes ···

1. **lubrique** : attiré par la débauche sexuelle.

2. **cynique** : impudent, immoral.

3. **exhalaisons** : odeurs, émanations.

4. **putride** : en état de décomposition, de pourriture.

Tout cela descendait, montait comme une vague,
    Ou s'élançait en pétillant ;
On eût dit que le corps, enflé d'un souffle vague,
    Vivait en se multipliant.

25 Et ce monde rendait une étrange musique
    Comme l'eau courante et le vent,
Ou le grain qu'un vanneur d'un mouvement rythmique
    Agite et tourne dans son van[1].

Les formes s'effaçaient et n'étaient plus qu'un rêve.
30   Une ébauche[2] lente à venir,
Sur la toile oubliée, et que l'artiste achève
    Seulement par le souvenir.

Derrière les rochers une chienne inquiète
    Nous regardait d'un œil fâché,
35 Épiant le moment de reprendre au squelette
    Le morceau qu'elle avait lâché.

– Et pourtant vous serez semblable à cette ordure,
    À cette horrible infection,
Étoile de mes yeux, soleil de ma nature,
40   Vous, mon ange et ma passion !

passage analysé

notes ....

1. van : panier plat à l'aide duquel l'agriculteur trie le grain.

2. ébauche : esquisse, premier jet que fait le peintre afin de préparer le tableau à venir. Terme de peinture.

Oui, telle vous serez, ô la reine des grâces,
  Après les derniers sacrements[1],
Quand vous irez sous l'herbe et les floraisons grasses
  Moisir parmi les ossements.

45   Alors, ô ma beauté, dites à la vermine
  Qui vous mangera de baisers
Que j'ai gardé la forme et l'essence divine
  De mes amours décomposés !

**Portrait de Jeanne Duval
par Charles Baudelaire (vers 1858-1860).**

note ....

1. derniers sacrements : terme liturgique qui désigne l'ultime bénédicition, appelée aussi
« extrême onction », que le prêtre administre à un mourant.

XXVIII. DE PROFUNDIS CLAMAVI[1]

J'implore ta pitié, Toi, l'unique que j'aime,
Du fond du gouffre obscur où mon cœur est tombé.
C'est un univers morne à l'horizon plombé,
Où nagent dans la nuit l'horreur et le blasphème[2] ;

5   Un soleil sans chaleur plane au-dessus six mois,
Et les six autres mois la nuit couvre la terre ;
C'est un pays plus nu que la terre polaire ;
– Ni bêtes, ni ruisseaux, ni verdure, ni bois !

Or il n'est pas d'horreur au monde qui surpasse
10   La froide cruauté de ce soleil de glace,
Et cette immense nuit semblable au vieux Chaos[3] ;

Je jalouse le sort des plus vils animaux
Qui peuvent se plonger dans un sommeil stupide,
Tant l'écheveau[4] du temps lentement se dévide !

notes ··

1. Poème publié en revue le 9 avril 1851 sous le titre « La Beatrix » et repris dans la *Revue des Deux Mondes* le 1er juin 1855 sous le titre « Spleen ». Le titre définitif est emprunté au psaume CXXIX de la liturgie catholique qui débute par « de profundis clamavi » (« *du fond de l'abîme, j'ai crié...* »). Il est réservé à la prière aux morts et au repentir du pénitent.

2. blasphèmes : paroles ou propos insultants envers la divinité ou la religion.

3. vieux Chaos : vide, néant ; l'expression désigne l'état informe et obscur de la Terre avant la création du monde (cosmos) dans la mythologie grecque.

4. écheveau : assemblage de fils de laine que l'on peut dérouler ou dévider.

XXIX. LE VAMPIRE[1]

Toi qui, comme un coup de couteau,
Dans mon cœur plaintif es entrée,
Toi qui, comme un hideux troupeau[2]
De démons, vins, folle et parée,

5 De mon esprit humilié
Faire ton lit et ton domaine,
– Infâme à qui je suis lié
Comme le forçat à la chaîne,

Comme au jeu le joueur têtu,
10 Comme à la bouteille l'ivrogne,
Comme aux vermines la charogne,
– Maudite, maudite sois-tu !

J'ai prié le glaive rapide
De conquérir ma liberté,
15 Et j'ai dit au poison perfide
De secourir ma lâcheté.

Hélas ! le poison et le glaive
M'ont pris en dédain et m'ont dit :
« Tu n'es pas digne qu'on t'enlève
20 À ton esclavage maudit,

Imbécile ! – de son empire
Si nos efforts te délivraient,
Tes baisers ressusciteraient
Le cadavre de ton vampire ! »

---

notes

1. Poème publié dans la *Revue des Deux Mondes* le 1er juin 1855 sous le titre « La Béatrice ».

2. **Vers 3, variante de 1861 :** « *Toi qui, forte comme un troupeau* ».

XXX. LE LÉTHÉ[1]

Viens sur mon cœur, âme cruelle et sourde,
Tigre adoré, monstre aux airs indolents[2] ;
Je veux longtemps plonger mes doigts tremblants
Dans l'épaisseur de ta crinière lourde ;

5   Dans tes jupons remplis de ton parfum
Ensevelir ma tête endolorie,
Et respirer, comme une fleur flétrie,
Le doux relent de mon amour défunt.

Je veux dormir ! dormir plutôt que vivre !
10   Dans un sommeil, douteux comme la mort[3],
J'étalerai mes baisers sans remord[4]
Sur ton beau corps poli comme le cuivre.

Pour engloutir mes sanglots apaisés
Rien ne me vaut l'abîme de ta couche ;
15   L'oubli puissant habite sur ta bouche,
Et le Léthé coule dans tes baisers.

À mon destin, désormais mon délice,
J'obéirai comme un prédestiné ;
Martyr docile, innocent condamné,
20   Dont la ferveur attise le supplice,

notes

1. Pièce condamnée par le tribunal correctionnel le 21 août 1857. Le titre fait référence à la source de l'oubli (« *léthé* » : oubli) située dans les enfers de la mythologie grecque. Les morts devaient s'y abreuver pour oublier leur passé.

2. indolents : indifférents, insensibles (étymologiquement, « *qui ne montrent pas de souffrance* »).

3. Vers 10, variante de 1866 : « *Dans un sommeil aussi doux que la mort* ».

4. remord : licence poétique pour « *remords* », orthographe de l'édition de 1866.

Je sucerai, pour noyer ma rancœur,
Le népenthès[1] et la bonne ciguë[2]
Aux bouts charmants de cette gorge aiguë,
Qui n'a jamais emprisonné de cœur.

Spleen et idéal.
Tableau de Carlos Schwabe, 1907.

notes ....

1. népenthès : chez les Grecs de l'Antiquité, breuvage magique qui dissipe la tristesse et la colère.

2. ciguë : plante vénéneuse de laquelle on tirait un poison mortel que l'on faisait boire aux condamnés à mort en Grèce antique (le philosophe Socrate en est l'exemple le plus célèbre).

XXXI

Une nuit que j'étais près d'une affreuse juive[1],
Comme au long d'un cadavre un cadavre étendu,
Je me pris à songer près de ce corps vendu
À la triste beauté dont mon désir se prive.

5   Je me représentai sa majesté native[2],
Son regard de vigueur et de grâces armé,
Ses cheveux qui lui font un casque parfumé,
Et dont le souvenir pour l'amour me ravive.

Car j'eusse avec ferveur baisé ton noble corps,
10 Et depuis tes pieds frais jusqu'à tes noires tresses
Déroulé le trésor des profondes caresses,

Si, quelque soir, d'un pleur obtenu sans effort
Tu pouvais seulement, ô reine des cruelles,
Obscurcir la splendeur de tes froides prunelles.

notes ....

1. Vers 1, variante de 1861 :
« *Juive* ». Ce poème évoque
une prostituée juive, Sarah
la Louchette. Malgré son
strabisme, elle est décrite
comme belle par un ami
de Baudelaire. « *Affreuse* »
s'explique peut-être par
le fait qu'elle serait à
l'origine de sa syphilis.

2. native : de naissance.

XXXII. REMORDS POSTHUME[1]

Lorsque tu dormiras, ma belle ténébreuse,
Au fond d'un monument construit en marbre noir,
Et lorsque tu n'auras pour alcôve[2] et manoir
Qu'un caveau pluvieux et qu'une fosse creuse ;

5   Quand la pierre, opprimant ta poitrine peureuse
Et tes flancs qu'assouplit un charmant nonchaloir[3],
Empêchera ton cœur de battre et de vouloir,
Et tes pieds de courir leur course aventureuse,

Le tombeau, confident de mon rêve infini,
10   – Car le tombeau toujours comprendra le poète[4], –
Durant ces grandes nuits d'où le somme est banni,

Te dira : « Que vous sert, courtisane imparfaite,
De n'avoir pas connu ce que pleurent les morts ? »
– Et le ver rongera ta peau comme un remords.

notes ··

1. Poème publié dans la
Revue des Deux Mondes
le 1er juin 1855.

2. alcôve : désigne la
chambre à coucher avec
une connotation érotique
évidente.

3. nonchaloir : forme
ancienne et archaïque
de « nonchalance ».

4. Vers 10, variante de 1861 :
*« (Car le tombeau toujours
comprendra le poète), ».*

XXXIII. LE CHAT[1]

Viens, mon beau chat, sur mon cœur amoureux ;
    Retiens les griffes de ta patte,
Et laisse-moi plonger dans tes beaux yeux
    Mêlés de métal et d'agate[2].

5 Lorsque mes doigts caressent à loisir
    Ta tête et ton dos élastique,
Et que ma main s'enivre du plaisir
    De palper ton corps électrique,

Je vois ma femme en esprit ; son regard,
10   Comme le tien, aimable bête,
Profond et froid, coupe et fend comme un dard,

    Et des pieds jusques à la tête,
Un air subtil, un dangereux parfum,
    Nagent autour de son corps brun.

notes ....

1. Poème publié en revue
le 8 janvier 1854, sous le titre
« Sonnet ». C'est à cause
de son imagination féline
que Baudelaire a pu être,
dès 1853, surnommé
« *le poète des chats* ».

2. agate : pierre décorative
utilisée en bijouterie.

XXXIV. LE BALCON

Mère des souvenirs, maîtresse des maîtresses,
– Ô toi, tous mes plaisirs ! ô toi, tous mes devoirs ! –
Tu te rappelleras la beauté des caresses,
La douceur du foyer et le charme des soirs,
5   Mère des souvenirs, maîtresse des maîtresses !

Les soirs illuminés par l'ardeur du charbon,
Et les soirs au balcon, voilés de vapeurs roses ;
Que ton sein m'était doux ! que ton cœur m'était bon !
Nous avons dit souvent d'impérissables choses
10   Les soirs illuminés par l'ardeur du charbon.

Que les soleils sont beaux dans les chaudes soirées !
Que l'espace est profond ! que le cœur est puissant !
En me penchant vers toi, reine des adorées,
Je croyais respirer le parfum de ton sang.
15   Que les soleils sont beaux dans les chaudes soirées !

La nuit s'épaississait ainsi qu'une cloison,
Et mes yeux dans le noir devinaient tes prunelles,
Et je buvais ton souffle, ô douceur, ô poison !
Et tes pieds s'endormaient dans mes mains fraternelles ;
20   La nuit s'épaississait ainsi qu'une cloison.

Je sais l'art d'évoquer les minutes heureuses,
Et revis mon passé blotti dans tes genoux.
Car à quoi bon chercher tes beautés langoureuses
Ailleurs qu'en ton cher corps et qu'en ton cœur si doux ?
25   Je sais l'art d'évoquer les minutes heureuses !

Ces serments, ces parfums, ces baisers infinis,
Renaîtront-ils d'un gouffre interdit à nos sondes,
Comme montent au ciel les soleils rajeunis
Après s'être lavés au fond des mers profondes ?
30   – Ô serments ! ô parfums ! ô baisers infinis !

XXXV[1]

Je te donne ces vers afin que si mon nom
Aborde heureusement aux époques lointaines,
Et, navire poussé par un grand aquilon[2],
Fait travailler un soir les cervelles humaines[3],

5   Ta mémoire[4], pareille aux fables incertaines,
Fatigue le lecteur ainsi qu'un tympanon[5],
Et par un fraternel et mystique chaînon
Reste comme pendue à mes rimes hautaines ;

Être maudit à qui de l'abîme profond,
10   Jusqu'au plus haut du ciel rien, hors moi, ne répond ;
– Ô toi qui, comme une ombre à la trace éphémère,

Foules d'un pied léger et d'un regard serein
Les stupides mortels qui t'ont jugée amère,
Statue aux yeux de jais[6], grand ange au front d'airain[7] !

notes ....

1. Poème publié en revue le 20 avril 1857, sous le titre « Sonnet ».

2. aquilon : vent violent du Nord.

3. Vers 3-4, variante de 1861 : « *Et fait rêver un soir les cervelles humaines, / Vaisseau favorisé par un grand aquilon,* ».

4. mémoire : souvenir.

5. tympanon : tambour en grec. C'est un instrument à percussion dans lequel le son est obtenu en frappant des cordes en laiton à l'aide de baguettes de bois ou de maillets.

6. jais : pierre décorative de couleur noire utilisée en bijouterie.

7. airain : bronze, terme ancien et poétique.

XXXVI. TOUT ENTIÈRE[1]

Le Démon, dans ma chambre haute,
Ce matin est venu me voir,
Et, tâchant de me prendre en faute,
M'a dit : « Je voudrais bien savoir[2],

5 Parmi toutes les belles choses
Dont est fait son enchantement,
Parmi les objets noirs ou roses
Qui composent son corps charmant,

Quel est le plus doux. » – Ô mon âme,
10 Tu répondis à l'Abhorré[3] :
« Puisqu'en Elle tout est dictame[4],
Rien ne peut être préféré.

Lorsque tout me ravit, j'ignore
Si quelque chose me séduit.
15 Elle éblouit comme l'Aurore
Et console comme la Nuit ;

Et l'harmonie est trop exquise,
Qui gouverne tout son beau corps,
Pour que l'impuissante analyse
20 En note les nombreux accords.

Ô métamorphose mystique
De tous mes sens fondus en un !
Son haleine fait la musique,
Comme sa voix fait le parfum. »

notes

1. Poème publié en revue le 20 avril 1857. Ce poème et les huit suivants constituent le cycle des neuf poèmes amoureux inspirés par Mme Sabatier (numéros XXXVI à XLIV).

2. Vers 3-4, variante de 1861 : « *Et, tâchant à me prendre en faute, / Me dit : "Je voudrais bien savoir,* ».

3. Abhorré : détesté (désigne le Démon).

4. dictame : plante médicinale ancienne sensée guérir les blessures.

XXXVII[1]

Que diras-tu ce soir, pauvre âme solitaire,
Que diras-tu, mon cœur, cœur autrefois flétri,
À la très-belle, à la très-bonne, à la très-chère[2],
Dont le regard divin t'a soudain refleuri ?

5   – Nous mettrons notre orgueil à chanter ses louanges :
Rien ne vaut la douceur de son autorité ;
Sa chair spirituelle a le parfum des Anges,
Et son œil nous revêt d'un habit de clarté.

Que ce soit dans la nuit et dans la solitude,
10 Que ce soit dans la rue et dans la multitude,
Son fantôme dans l'air danse comme un flambeau.

Parfois il parle et dit : « Je suis belle, et j'ordonne
Que pour l'Amour de moi vous n'aimiez que le Beau.
Je suis l'Ange Gardien, la Muse[3] et la Madone[4]. »

notes

1. Poème publié en revue le 15 janvier 1855.
2. Vers 3, variante de 1861 : « À la très belle, à la très bonne, à la très chère, ».

3. Muse : les muses sont les neuf filles de Mnémosyne (déesse de la mémoire) et elles représentent chacune un art en particulier. Elles ont pour fonction d'inspirer les artistes et de les aider dans leurs créations. La muse d'un poème amoureux devient inévitablement la femme aimée du poète.

4. Madone : vient de l'italien *Madonna* (Madame) et désigne la Vierge Marie.

XXXVIII. LE FLAMBEAU VIVANT[1]

Ils marchent devant moi, ces yeux pleins de lumières,
Qu'un Ange très-savant a sans doute aimantés[2] ;
Ils marchent, ces divins frères qui sont mes frères,
Suspendant mon regard à leurs feux diamantés[3].

5   Me sauvant de tout piège et de tout péché grave,
Ils conduisent mes pas dans la route du Beau ;
Ils sont mes serviteurs et je suis leur esclave ;
Tout mon être obéit à ce vivant flambeau.

Charmants Yeux, vous brillez de la clarté mystique
10 Qu'ont les cierges brûlant en plein jour ; le soleil
Rougit, mais n'éteint pas leur flamme fantastique ;

Ils célèbrent la Mort, vous chantez le Réveil ;
Vous marchez en chantant le réveil de mon âme,
Astres dont le soleil ne peut flétrir la flamme !

notes ....

1. Poème publié en revue le 20 avril 1857.

2. Vers 2, variante de 1861 : « *Qu'un Ange très savant a sans doute aimantés ; ».*

3. Vers 4, variante de 1861 : « *Secouant dans mes yeux leurs feux diamantés.* »

XXXIX. À CELLE QUI EST TROP GAIE[1]

Ta tête, ton geste, ton air
Sont beaux comme un beau paysage ;
Le rire joue en ton visage
Comme un vent frais dans un ciel clair.

5   Le passant chagrin[2] que tu frôles
Est ébloui par la santé
Qui jaillit comme une clarté
De tes bras et de tes épaules.

passage analysé

Les retentissantes couleurs
10   Dont tu parsèmes tes toilettes
Jettent dans l'esprit des poètes
L'image d'un ballet de fleurs.

Ces robes folles sont l'emblême[3]
De ton esprit bariolé ;
15   Folle dont je suis affolé,
Je te hais autant que je t'aime !

Quelquefois dans un beau jardin,
Où je traînais mon atonie[4],
J'ai senti comme une ironie
20   Le soleil déchirer mon sein ;

---

notes

1. Pièce condamnée par le tribunal correctionnel le 21 août 1857. Le manuscrit porte comme titre « À une femme trop gaie ».

2. chagrin : maussade.
3. emblême : sens assez proche de symbole*. Orthographié « emblème » dans l'édition de 1866.

4. atonie : étymologiquement, absence de tonicité et donc faible, sans énergie.

* : Cf. Glossaire

Et le printemps et la verdure
Ont tant humilié mon cœur
Que j'ai puni sur une fleur
L'insolence de la nature[1].

25 Ainsi, je voudrais, une nuit,
Quand l'heure des voluptés sonne,
Vers les trésors de ta personne
Comme un lâche ramper sans bruit,

Pour châtier ta chair joyeuse,
30 Pour meurtrir ton sein pardonné,
Et faire à ton flanc étonné
Une blessure large et creuse,

Et, vertigineuse douceur !
À travers ces lèvres nouvelles,
35 Plus éclatantes et plus belles,
T'infuser mon venin, ma sœur[2] !

passage analysé

notes

1. Vers 24, variante de 1866 : « *Nature* ».

2. Dans l'édition des *Épaves* en 1866 (édition qui comportait notamment les pièces condamnées), Baudelaire a ajouté cette note à cet endroit : « *Les juges ont cru découvrir un sens à la fois sanguinaire et obscène dans les deux dernières stances*. La gravité du Recueil excluait de pareilles plaisanteries. Mais venin signifiant spleen ou mélancolie, était une idée trop simple pour des criminalistes. Que leur interprétation syphilitique leur reste sur la conscience. (Note de l'éditeur.) »*

* : *Cf. Glossaire*

Les Fleurs du mal.
Tableau d'Armand Seguin, v. 1894.

XL. RÉVERSIBILITÉ[1]

Ange plein de gaîté[2], connaissez-vous l'angoisse,
La honte, les remords, les sanglots, les ennuis,
Et les vagues terreurs de ces affreuses nuits
Qui compriment le cœur comme un papier qu'on froisse ?
5 Ange plein de gaîté, connaissez-vous l'angoisse ?

Ange plein de bonté, connaissez-vous la haine,
Les poings crispés dans l'ombre et les larmes de fiel[3],
Quand la Vengeance bat son infernal rappel,
Et de nos facultés se fait le capitaine ?
10 Ange plein de bonté, connaissez-vous la haine ?

Ange plein de santé, connaissez-vous les Fièvres[4],
Qui, le long des grands murs de l'hospice blafard,
Comme des exilés, s'en vont d'un pied traînard,
Cherchant le soleil rare et remuant les lèvres ?
15 Ange plein de santé, connaissez-vous les Fièvres ?

Ange plein de beauté, connaissez-vous les rides,
Et la peur de vieillir, et ce hideux tourment
De lire la secrète horreur du dévouement
Dans des yeux où longtemps burent nos yeux avides ?
20 Ange plein de beauté, connaissez-vous les rides ?

notes ....

1. Poème publié dans la *Revue des Deux Mondes* le 1er juin 1855. Le titre fait référence à une notion de la religion catholique : la réversibilité des mérites. La bonté d'une personne (ici Mme Sabatier) peut être « reversée » au crédit d'un être en état de péché (ici le poète), notamment par la grâce de la prière.

2. gaîté : archaïsme, « gaieté » dans l'édition de 1861.

3. fiel : au sens propre, la bile amère de certains animaux ; au sens figuré, l'amertume.

4. Fièvres : la majuscule, notamment, impose de voir ici une métonymie qui désigne les malades atteints par la fièvre.

Ange plein de bonheur, de joie et de lumières,
David mourant aurait demandé la santé[1]
Aux émanations de ton corps enchanté !
– Mais de toi je n'implore, ange, que tes prières,
25 Ange plein de bonheur, de joie et de lumières !

Portrait d'Apollonie Sabatier.

note

1. Allusion à un épisode de la Bible (Premier Livre des Rois, I, 1-4) : les serviteurs du roi David placèrent à ses côtés une jeune vierge nommée Abisag pour le réchauffer, alors qu'il était mourant.

XLI. CONFESSION[1]

Une fois, une seule, aimable et douce femme,
        À mon bras votre bras poli
S'appuya ; – sur le fond ténébreux de mon âme
        Ce souvenir n'est point pâli[2].

5 Il était tard ; ainsi qu'une médaille neuve
        La pleine lune s'étalait,
Et la solennité de la nuit, comme un fleuve,
        Sur Paris dormant ruisselait.

Et le long des maisons, sous les portes cochères,
10   Des chats passaient furtivement,
L'oreille au guet, – ou bien, comme des ombres chères,
        Nous accompagnaient lentement.

Tout à coup, au milieu de l'intimité libre
        Éclose à la pâle clarté,
15 De vous, – riche et sonore instrument où ne vibre
        Que la radieuse gaîté[3],

De vous, claire et joyeuse ainsi qu'une fanfare
        Dans le matin étincelant,
– Une note plaintive ; une note bizarre
20   S'échappa, – tout en chancelant

---

notes

1. Poème publié le 1er juin 1855 dans la *Revue des Deux Mondes* sous le titre « La confession ».

2. Vers 4, variante de 1861 : « S'appuya (sur le fond ténébreux de mon âme / Ce souvenir n'est point pâli). »

3. gaîté : archaïsme, « gaieté » dans l'édition de 1861.

105

Comme une enfant chétive, horrible, sombre, immonde,
    Dont sa famille rougirait,
Et qu'elle aurait long-temps, pour la cacher au monde,
    Dans un caveau mise au secret.

25 Pauvre ange, elle chantait, votre note criarde,
    « Que rien ici-bas n'est certain,
Et que toujours, avec quelque soin qu'il se farde,
    Se trahit l'égoïsme humain ;

Que c'est un dur métier que d'être belle femme,
30   – Qu'il ressemble au travail banal[1]
De la danseuse folle et froide qui se pâme
    Dans un sourire machinal ;

Que bâtir sur les cœurs est une chose sotte,
    – Que tout craque, amour et beauté,
35 Jusqu'à ce que l'Oubli les jette dans sa hotte
    Pour les rendre à l'Éternité ! »

J'ai souvent évoqué cette lune enchantée,
    Ce silence et cette langueur,
Et cette confidence horrible chuchotée
40   Au confessionnal[2] du cœur.

notes ....

1. Vers 30, variante de 1861 :
« *Et que c'est le travail banal* ».

2. confessionnal : réduit dans lequel s'assoient de part et d'autre d'une cloison grillée le confesseur et le pénitent qui confesse ses péchés.

XLII. L'AUBE SPIRITUELLE[1]

Quand chez les débauchés l'aube blanche et vermeille
Entre en société[2] de l'Idéal rongeur,
Par l'opération d'un mystère vengeur
Dans la brute assoupie un ange se réveille ;

5   — Des Cieux Spirituels l'inaccessible azur,
Pour l'homme terrassé qui rêve encore et souffre,
S'ouvre et s'enfonce avec l'attirance du gouffre.
Ainsi, chère Déesse, Être lucide[3] et pur,

Sur les débris fumeux des stupides orgies,
10   Ton souvenir plus clair, plus rose, plus charmant,
À mes yeux agrandis voltige incessamment.

Le soleil a noirci les flammes[4] des bougies ;
— Ainsi, toujours vainqueur, ton fantôme est pareil,
Âme resplendissante, à l'immortel soleil !

notes

1. Poème publié dans la *Revue des Deux Mondes*, le 1er juin 1855.
2. **Entre en société de :** se joint à, s'associe à.
3. **lucide :** clairvoyant (au sens moderne), mais aussi, étymologiquement, lumineux.
4. **Vers 12, variante de 1861 :** « *la flamme* ».

XLIII. HARMONIE DU SOIR[1]

Voici venir les temps où vibrant sur sa tige
Chaque fleur s'évapore ainsi qu'un encensoir[2] ;
Les sons et les parfums tournent dans l'air du soir,
– Valse mélancolique et langoureux vertige !

5 Chaque fleur s'évapore ainsi qu'un encensoir ;
Le violon frémit comme un cœur qu'on afflige[3] ;
– Valse mélancolique et langoureux vertige !
Le ciel est triste et beau comme un grand reposoir[4].

Le violon frémit comme un cœur qu'on afflige,
10 Un cœur tendre, qui hait le néant vaste et noir !
– Le ciel est triste et beau comme un grand reposoir ;
Le soleil s'est noyé dans son sang qui se fige.

Un cœur tendre qui hait le néant vaste et noir
Du passé lumineux recueille tout vestige ;
15 – Le soleil s'est noyé dans son sang qui se fige ;
Ton souvenir en moi luit comme un ostensoir[5] !

passage analysé

notes ....

1. Poème publié en revue le 20 avril 1857.

2. encensoir : récipient dans lequel brûle l'encens lors de cérémonies religieuses.

3. afflige : tourmente, blesse (au sens moral).

4. reposoir : autel sur lequel repose le Saint Sacrement (représentation symbolique du corps et du sang du Christ).

5. ostensoir : pièce d'orfèvrerie en forme de soleil rayonnant qui contient l'hostie exposée aux fidèles lors de l'Eucharistie.

***Harmonie du soir*.**
Tableau de Marc-Aurèle de Foy Suzor-Côté, v. 1920.

XLIV. LE FLACON[1]

Il est de forts parfums pour qui toute matière
Est poreuse ; – on dirait qu'ils pénètrent le verre.
Quelquefois en ouvrant un coffre[2] d'Orient
Dont la serrure grince et rechigne en criant,

5 Ou dans une maison déserte quelque armoire,
Sentant l'odeur d'un siècle, arachnéenne[3] et noire[4],
On trouve un vieux flacon jauni qui se souvient,
D'où jaillit toute vive une âme qui revient.

Mille pensers[5] dormaient, – chrysalides[6] funèbres,
10 Frémissant doucement dans les lourdes ténèbres, –
Qui dégagent leur aile et prennent leur essor,
Teintés d'azur, – glacés de rose, – lamés d'or[7].

Voilà le souvenir enivrant qui voltige
Dans l'air troublé ; – les yeux se ferment ; le vertige[8]
15 Saisit l'âme vaincue et la pousse à deux mains
Vers un gouffre où l'air est plein de parfums humains[9].

Il la terrasse au bord d'un gouffre séculaire[1],
Où, – Lazare[2] odorant déchirant son suaire[3], –
Se meut dans son réveil le cadavre spectral
20 D'un vieil amour ranci, charmant et sépulcral[4].

Ainsi, quand je serai perdu dans la mémoire
Des hommes, – dans le coin d'une sinistre armoire
Quand on m'aura jeté, vieux flacon désolé,
Décrépit, poudreux, sale, abject, visqueux, fêlé,

25 Je serai ton cercueil, aimable pestilence[5] !
Le témoin de ta force et de ta virulence[6],
Cher poison préparé par les anges ! liqueur
Qui me ronge, ô la vie et la mort de mon cœur !

notes

1. séculaire : âgé d'un siècle, très vieux.

2. Lazare : allusion au miracle de la résurrection de Lazare par Jésus-Christ et relaté dans l'Évangile selon saint Jean (XI, 39). Lazare était mort depuis quatre jours, d'où « *odorant* ».

3. suaire : drap blanc ou linceul dans lequel on enveloppe les morts.

4. sépulcral : qui a rapport au sépulcre, au tombeau, à la mort.

5. pestilence : odeur infecte.

6. virulence : violence et dangerosité d'une infection.

XLV. LE POISON[1]

Le vin sait revêtir le plus sordide bouge[2]
    D'un luxe miraculeux,
Et fait surgir plus d'un portique[3] fabuleux
    Dans l'or de sa vapeur rouge,
5 Comme un soleil couchant dans un ciel nébuleux[4].

L'opium agrandit ce qui n'a pas de bornes,
    Projette l'illimité[5],
Approfondit le temps, creuse la volupté,
    Et de plaisirs noirs et mornes
10 Remplit l'âme au-delà de sa capacité.

Tout cela ne vaut pas le poison qui découle
    De tes yeux, de tes yeux verts,
Lacs où mon âme tremble et se voit à l'envers ;
    — Mes songes viennent en foule
15 Pour se désaltérer à ces gouffres amers.

Tout cela ne vaut pas le terrible prodige[6]
    De ta salive qui mord,
Qui plonge dans l'oubli mon âme sans remord[7],
    Et, charriant le vertige,
20 La roule défaillante aux rives de la mort !

notes

1. Poème publié en revue le 20 avril 1857. Ce poème est le premier du dernier cycle amoureux, celui consacré à Marie Daubrun, la femme mystérieuse aux « yeux verts ». Ce cycle couvre ce poème et les six suivants, jusqu'au LI (« Causerie »).

2. bouge : café mal famé, par extension lieu sale, misérable et sordide.

3. portique : terme d'architecture antique désignant une galerie ouverte soutenue par des rangées de colonnes.

4. nébuleux : nuageux (terme poétique).

5. Vers 7, variante de 1861 : « *Allonge l'illimité* ».

6. prodige : miracle.

7. remord : licence poétique pour « *remords* » (orthographe adoptée en 1861).

XLVI. CIEL BROUILLÉ

On dirait ton regard d'une vapeur couvert ;
Ton œil mystérieux, – est-il bleu, gris ou vert ? –
Alternativement tendre, doux et cruel[1],
Réfléchit l'indolence[2] et la pâleur du ciel.

5   Tu rappelles ces jours blancs, tièdes et voilés,
Qui font se fondre en pleurs les cœurs ensorcelés,
Quand, agités d'un mal inconnu qui les tord,
Les nerfs trop éveillés raillent l'esprit qui dort.

Tu ressembles parfois à ces beaux horizons
10   Qu'allument les soleils des brumeuses saisons ;
– Comme tu resplendis, paysage mouillé
Qu'enflamment les rayons tombant d'un ciel brouillé !

Ô femme dangereuse ! ô séduisants[3] climats !
Adorerai-je aussi ta neige et vos frimas[4],
15   Et saurai-je tirer de l'implacable hiver
Des plaisirs plus aigus que la glace et le fer ?

notes ....

1. Vers 3, variante de 1861 : « *Alternativement tendre, rêveur, cruel,* ».

2. indolence : indifférence, insensibilité (étymologiquement, absence de souffrance).

3. séduisants : le contexte du vers et du poème invite à lire ici une syllepse* de sens, le mot est à comprendre au sens étymologique (trompeurs) et moderne (charmants).

4. frimas : brouillards givrants.

* : *Cf.* Glossaire

XLVII. LE CHAT[1]

Dans ma cervelle se promène,
Ainsi qu'en son appartement,
Un beau chat, fort, doux et charmant ;
Quand il miaule, on l'entend à peine,

5   Tant son timbre est tendre et discret ;
Mais que sa voix s'apaise ou gronde,
Elle est toujours suave et profonde.
C'est là son charme et son secret.

Cette voix, qui perle et qui filtre
10   Dans mon fonds le plus ténébreux,
Me remplit comme un vers nombreux[2]
Et me pénètre comme un philtre[3].

Elle endort les plus cruels maux
Et contient toutes les extases ;
15   Pour dire les plus longues phrases,
Elle n'a pas besoin de mots.

Non, il n'est pas d'archet[4] qui morde
Sur mon cœur, parfait instrument,
Et fasse plus royalement
20   Chanter sa plus vibrante corde

notes

1. Ce poème sera coupé en deux parties numérotées dans l'édition de 1861. La première partie regroupera les six premiers quatrains (vers 1 à 24) et la seconde, les quatre derniers (vers 25 à 40).

2. nombreux : au sens classique d'harmonieux, rythmés, cadencés.

3. philtre : breuvage magique.

4. archet : baguette servant de support à des crins qui servent à faire vibrer les cordes de différents instruments dits « à cordes » tels que le violon, le violoncelle, l'alto, etc.

Que ta voix, chat mystérieux,
Chat séraphique[1], chat étrange,
En qui tout est, comme en un ange,
Aussi subtil qu'harmonieux.

25 – De sa fourrure blonde et brune
Sort un parfum si doux qu'un soir
J'en fus embaumé, pour l'avoir
Caressée une fois, rien qu'une.

C'est l'esprit familier du lieu ;
30 Il juge, il préside, il inspire
Toutes choses dans son empire ;
Peut-être est-il fée, est-il dieu ?

Quand mes yeux vers ce chat que j'aime,
Tirés comme par un aimant,
35 Se retournent docilement,
Et que je regarde en moi-même,

Je vois avec étonnement
Le feu de ses prunelles pâles,
Clairs fanaux[2], vivantes opales[3],
40 Qui me contemplent fixement.

---

notes ....

1. séraphique : les Séraphins constituent la classe la plus élevée parmi les anges. « *Séraphique* » est donc plus fort que l'adjectif « angélique ».

2. fanaux : feux, lanternes de signalisation, ancêtres des phares.

3. opales : pierres précieuses à reflets irisés et changeants.

XLVIII. LE BEAU NAVIRE

Je veux te raconter, ô molle enchanteresse,
Les diverses beautés qui parent ta jeunesse ;
    Je veux te peindre ta beauté,
Où l'enfance s'allie à la maturité.

5   Quand tu vas balayant l'air de ta jupe large,
Tu fais l'effet d'un beau vaisseau qui prend le large,
    Chargé de toile, et va roulant
Suivant un rythme doux, et paresseux, et lent.

Sur ton cou large et rond, sur tes épaules grasses,
10   Ta tête se pavane[1] avec d'étranges grâces ;
    D'un air placide[2] et triomphant
Tu passes ton chemin, majestueuse enfant.

Je veux te raconter, ô molle enchanteresse,
Les diverses beautés qui parent ta jeunesse ;
15   Je veux te peindre ta beauté
Où l'enfance s'allie à la maturité.

Ta gorge[3] qui s'avance et qui pousse la moire[4],
Ta gorge triomphante est une belle armoire
    Dont les panneaux bombés et clairs
20   Comme les boucliers accrochent des éclairs ;

notes

1. se pavane : se montre et parade avec orgueil et fierté.
2. placide : paisible, doux, calme.
3. gorge : la poitrine d'une femme.
4. moire : étoffe chatoyante aux reflets changeants.

Boucliers provoquants[1], armés de pointes roses !
Armoire à doux secrets, pleine de bonnes choses,
     De vins, de parfums, de liqueurs
Qui feraient délirer les cerveaux et les cœurs !

25   Quand tu vas balayant l'air de ta jupe large,
Tu fais l'effet d'un beau vaisseau qui prend le large,
     Chargé de toile, et va roulant
Suivant un rythme doux, et paresseux, et lent.

Tes nobles jambes sous les volants[2] qu'elles chassent
30   Tourmentent les désirs obscurs et les agacent,
     Comme deux sorcières qui font
Tourner un philtre[3] noir dans un vase profond.

Tes bras qui se joueraient des précoces hercules[4]
Sont des boas luisants les solides émules[5],
35   Faits pour serrer obstinément,
Comme pour l'imprimer dans ton cœur, ton amant.

Sur ton cou large et rond, sur tes épaules grasses,
Ta tête se pavane avec d'étranges grâces ;
     D'un air placide et triomphant
40   Tu passes ton chemin, majestueuse enfant.

---

notes ....

1. provoquants : coquille d'impression ou erreur de Baudelaire, lire « provocants ».

2. volants : tissus libres venant recouvrir une jupe ou une robe.

3. philtre : breuvage magique.

4. hercules : hommes forts et vigoureux, par antonomase*.

5. émules : rivaux, concurrents.

*: *Cf.* Glossaire

XLIX. L'INVITATION AU VOYAGE[1]

Mon enfant, ma sœur,
Songe à la douceur
D'aller là-bas vivre ensemble ;
– Aimer à loisir,
5   Aimer et mourir
Au pays qui te ressemble !
Les soleils mouillés
De ces ciels brouillés
Pour mon esprit ont les charmes
10   Si mystérieux
De tes traîtres yeux,
Brillant à travers leurs larmes.

Là, tout n'est qu'ordre et beauté,
Luxe, calme et volupté[2].

15   Des meubles luisants,
Polis par les ans,
Décoreraient notre chambre ;
Les plus rares fleurs
Mêlant leurs odeurs
20 Aux vagues senteurs de l'ambre[3],
Les riches plafonds,
Les miroirs profonds,
La splendeur orientale,

notes

1. Poème publié dans la *Revue des Deux Mondes* le 1er juin 1855.

2. volupté : jouissance profonde qui peut provenir du plaisir sexuel, sensuel ou esthétique.

3. ambre : concrétions intestinales du cachalot dégageant un parfum exotique sucré et capiteux.

Tout y parlerait
25 À l'âme en secret
Sa douce langue natale.

Là, tout n'est qu'ordre et beauté,
Luxe, calme et volupté.

Vois sur ces canaux
30 Dormir ces vaisseaux
Dont l'humeur est vagabonde ;
C'est pour assouvir
Ton moindre désir
Qu'ils viennent du bout du monde.
35 – Les soleils couchants
Revêtent les champs,
Les canaux, la ville entière,
D'hyacinthe[1] et d'or ;
– Le monde s'endort
40 Dans une chaude lumière.

Là, tout n'est qu'ordre et beauté,
Luxe, calme et volupté.

note ....

1. hyacinthe : pierre
précieuse de couleur jaune
rougeâtre.

L. L'IRRÉPARABLE[1]

Pouvons-nous étouffer le vieux, le long Remords,
    Qui vit, s'agite et se tortille,
Et se nourrit de nous comme le ver des morts,
    Comme du chêne la chenille ?
5 Pouvons-nous étouffer l'implacable Remords ?

Dans quel philtre[2], dans quel vin, dans quelle tisane
    Noierons-nous ce vieil ennemi,
Destructeur et gourmand comme la courtisane,
    Patient comme la fourmi ?
10 Dans quel philtre ? – dans quel vin ? – dans quelle tisane ?

Dis-le, belle sorcière, oh ! dis, si tu le sais,
    À cet esprit comblé d'angoisse
Et pareil au mourant qu'écrasent les blessés,
    Que le sabot du cheval froisse,
15 – Dis-le, belle sorcière, oh ! dis, si tu le sais,

À cet agonisant que déjà le loup flaire
    Et que surveille le corbeau,
– À ce soldat brisé, – s'il faut qu'il désespère
    D'avoir sa croix et son tombeau ;
20 Ce pauvre agonisant que déjà le loup flaire !

notes ....

1. Poème publié dans la *Revue des Deux Mondes* le 1er juin 1855, sous le titre « À la Belle aux cheveux d'or » qui fait allusion à une féerie du même nom dans laquelle a joué Marie Daubrun, à qui ce poème s'adresse.

2. **philtre** : breuvage magique.

Peut-on illuminer un ciel bourbeux et noir ?
      Peut-on déchirer des ténèbres
Plus denses que la poix[1], sans matin et sans soir,
      Sans astres, sans éclairs funèbres ?
25 Peut-on illuminer un ciel bourbeux et noir ?

L'Espérance qui brille aux carreaux de l'Auberge
      Est soufflée, est morte à jamais !
Sans lune et sans rayons trouver où l'on héberge
      Les martyrs d'un chemin mauvais !
30 – Le Diable a tout éteint aux carreaux de l'Auberge.

Adorable sorcière, aimes-tu les damnés ?
      Dis, connais-tu l'irrémissible[2] ?
Connais-tu le Remords, aux traits empoisonnés,
      À qui notre cœur sert de cible ?
35 Adorable sorcière, aimes-tu les damnés ?

L'Irréparable ronge avec sa dent maudite
      Notre âme, – honteux monument, –[3]
Et souvent il attaque, ainsi que le termite,
      Par la base le bâtiment,
40 L'Irréparable ronge avec sa dent maudite !

– J'ai vu parfois, au fond d'un théâtre banal,
      Qu'enflammait l'orchestre sonore,
Une fée allumer dans un ciel infernal
      Une miraculeuse aurore ;
45 J'ai vu parfois au fond d'un théâtre banal

notes ....

1. poix : matière visqueuse et noire, formée avec du goudron de bois.

2. irrémissible : impardonnable.

3. Vers 37, variante de 1861 : « *Notre âme, piteux monument,* ».

Un être qui n'était que lumière, or et gaze[1],
    Terrasser l'énorme Satan ;
Mais mon cœur que jamais ne visite l'extase
    Est un théâtre où l'on attend
50 Toujours, – toujours en vain, – l'Être aux ailes de gaze !

**Portrait de Marie Daubrun dans le rôle
de *La Belle aux cheveux d'or*.**

note ....

| **1. gaze :** tissu léger, voile
transparent.

122

LI. CAUSERIE

Vous êtes un beau ciel d'automne, clair et rose !
Mais la tristesse en moi monte comme la mer,
Et laisse, en refluant, sur ma lèvre morose[1]
Le souvenir cuisant[2] de son limon[3] amer.

5   — Ta main se glisse en vain sur mon sein qui se pâme[4] ;
Ce qu'elle cherche, amie, est un lieu saccagé
Par la griffe et la dent féroce de la femme. —
Ne cherchez plus mon cœur ; des monstres l'ont mangé[5].

Mon cœur est un palais flétri par la cohue[6] ;
10   On s'y soûle, on s'y tue, on s'y prend aux cheveux.
— Un parfum nage autour de votre gorge[7] nue ! —

Ô Beauté, dur fléau des âmes ! tu le veux !
Avec tes yeux de feu, brillants comme des fêtes,
Calcine[8] ces lambeaux qu'ont épargnés les bêtes !

notes ··

1. **morose** : sombre, triste en parlant du caractère d'un être humain. Il y a donc hypallage*.

2. **cuisant** : qui brûle (au sens moral et figuré), donc douloureux.

3. **limon** : sédiments laissés par le reflux de la mer, d'une rivière ou d'un fleuve.

4. **se pâme** : tombe en extase, en pâmoison.

5. **Vers 8, variante de 1861 :** *« Ne cherchez plus mon cœur ; les bêtes l'ont mangé. »*

6. **cohue** : foule, multitude.

7. **gorge** : poitrine de la femme.

8. **Calcine** : brûle entièrement.

* : *Cf.* Glossaire

LII. L'HÉAUTONTIMOROUMÉNOS[1]

Je te frapperai sans colère
Et sans haine, – comme un boucher !
Comme Moïse le rocher[2],
Et je ferai de ta paupière,

5   Pour abreuver mon Saharah,
Jaillir les eaux de la souffrance ;
Mon désir gonflé d'espérance
Sur tes pleurs salés nagera

Comme un vaisseau qui prend le large,
10   Et dans mon cœur qu'ils soûleront
Tes chers sanglots retentiront
Comme un tambour qui bat la charge !

Ne suis-je pas un faux accord
Dans la divine symphonie,
15   Grâce à la vorace Ironie
Qui me secoue et qui me mord ?

Elle est dans ma voix, la criarde !
C'est tout mon sang, ce poison noir !
Je suis le sinistre miroir
20   Où la mégère[3] se regarde !

notes ....

1. Héautontimôrouménos : bourreau de soi-même ou celui qui se punit lui-même en grec ancien. Titre reprenant celui d'une comédie latine de Térence (v. 190-159 av. J.-C.).

2. Comme Moïse le rocher : dans la Bible, durant l'Exode et la traversée du désert, Moïse fait jaillir l'eau de la pierre d'Horeb (Exode 17, 3-7).

3. mégère : femme méchante. Antonomase de Mégère, l'une des trois Érinyes grecques ou Furies latines, déesses de la vengeance, chargées de châtier les criminels en les harcelant.

Je suis la plaie et le couteau !
Je suis le soufflet[1] et la joue !
Je suis les membres et la roue[2],
Et la victime et le bourreau !

25   Je suis de mon cœur le vampire,
– Un de ces grands abandonnés
Au rire éternel condamnés,
Et qui ne peuvent plus sourire !

notes ....

1. soufflet : gifle, claque
(mot classique).

2. roue : allusion au supplice
de la roue sous l'Ancien
Régime, lequel consistait
à briser les membres du
condamné (le roué) puis
à l'attacher à une roue.

LIII. FRANCISCÆ MEÆ LAUDES[1]

VERS COMPOSÉS POUR UNE MODISTE ÉRUDITE ET DÉVOTE[2]

Ne semble-t-il pas au lecteur, comme à moi, que la langue de la dernière décadence latine, – suprême soupir d'une personne robuste déjà transformée et préparée pour la vie spirituelle, – est singulièrement propre à exprimer la passion telle que l'a comprise et sentie le monde poétique moderne ? La mysticité est l'autre pôle de cet aimant dont Catulle[3] et sa bande, poètes brutaux et purement épidermiques, n'ont connu que le pôle sensualité. Dans cette merveilleuse langue, le solécisme et le barbarisme[4] me paraissent rendre les négligences forcées d'une passion qui s'oublie et se moque des règles. Les mots, pris dans une acception nouvelle, révèlent la maladresse charmante du barbare du nord agenouillé devant la beauté romaine. Le calembour[5] lui-même, quand il traverse ces pédantesques[6] bégaiements, ne joue-t-il pas la grâce sauvage et baroque[7] de l'enfance ?

Novis te cantabo chordis,
O novelletum quod ludis
In solitudine cordis.

Esto sertis implicata,
5   O femina delicata,
Per quam solvuntur peccata !

Sicut beneficum Lethe,
Hauriam oscula de te,
Quae imbuta es magnete.

10 Quum vitiorum tempestas
Turbabat omnes semitas,
Apparuisti, Deitas,

Velut stella salutaris
In naufragiis amaris.
15 – Suspendam cor tuis aris !

Piscina plena virtutis,
Fons aeternae juventutis,
Labris vocem redde mutis !

Quod erat spurcum, cremasti ;
20 Quod rudius, exaequasti ;
Quod debile, confirmasti.

In fame mea taberna,
In nocte mea lucerna,
Recte me semper guberna,

25 Adde nunc vires viribus,
Dulce balneum suavibus
Unguentatum odoribus !

Meos circa lumbos mica,
O castitatis lorica,
30 Aqua tincta seraphica ;

Patera gemmis corusca,
Panis salsus, mollis esca,
Divinum vinum, Francisca !

Louanges en l'honneur de ma chère Françoise

Nouvelles sont les cordes sur lesquelles je vais te chanter
Ô ma tendre jouvencelle qui t'ébats
En mon cœur solitaire.

Que parée tu sois de guirlandes
5   Ô délice de féminité
Par qui tous les péchés sont absous !

Ainsi que d'un Léthé bienfaisant,
Je m'abreuverai de baisers de toi
Qu'imprègne un diamant.

10   Alors que la tempête des vices
Ébranlait tous mes chemins,
Tu m'apparus, ô Déité,

Telle une étoile salutaire
Dans les naufrages amers…
15   Puissè-je accrocher mon cœur à tes autels !

Bassin de vertu,
Fontaine d'éternelle jeunesse,
Rends la voix à mes lèvres muettes !

Ce qu'il y avait en moi d'immonde, tu l'as brûlé ;
20   Ce qu'il y avait de trop grossier, tu l'as raffiné ;
Ce qu'il y avait de faible, tu l'as affermi.

Toi qui es mon auberge lorsque j'ai faim,
Toi qui es ma lanterne lorsqu'il fait nuit,
Dans la bonne direction, guide-moi toujours.

25   Ajoute à présent des forces à mes forces,
Ô doux bain parfumé
De suaves odeurs !

Brille autour de mes reins,
Ô ceinture de chasteté
30   Baignée d'eau séraphique ;

Coupe étincelante de pierreries,
Pain au goût de sel, mets raffiné,
Vin des dieux, ô Françoise !

Traduction inédite de Georges Balitrand.

LIV. À UNE DAME CRÉOLE[1]

Au pays parfumé que le soleil caresse,
J'ai connu sous un dais[2] d'arbres verts et dorés[3]
Et de palmiers, d'où pleut sur les yeux la paresse,
Une dame créole aux charmes ignorés.

5   Son teint est pâle et chaud ; la brune enchanteresse
A dans le cou des airs noblement maniérés ;
Grande et svelte en marchant comme une chasseresse,
Son sourire est tranquille et ses yeux assurés.

Si vous alliez, Madame, au vrai pays de gloire,
10   Sur les bords de la Seine ou de la verte Loire,
Belle digne d'orner les antiques manoirs,

Vous feriez, à l'abri des ombreuses retraites,
Germer mille sonnets dans le cœur des poètes
Que vos grands yeux rendraient plus soumis que vos noirs[4].

notes ....

1. Poème publié en revue le 25 mai 1845 sous le titre « À une Créole ». C'est un des tout premiers poèmes connus et publiés de Baudelaire.

2. dais : ensemble décoratif de bois et de tissus qui surmonte et chapeaute un autel ou un trône.

3. Vers 2, variante de 1861 : « *J'ai connu, sous un dais d'arbres tout empourprés* ».

4. noirs : esclaves ou domestiques noirs.

LV. MŒSTA ET ERRABUNDA[1]

Dis-moi, ton cœur parfois s'envole-t-il, Agathe,
Loin du noir océan de l'immonde cité,
Vers un autre océan où la splendeur éclate,
Bleu, clair, profond, ainsi que la virginité ?
5 Dis-moi, ton cœur parfois s'envole-t-il, Agathe ?

La mer, la vaste mer console nos labeurs !
– Quel démon a doté la mer, – rauque chanteuse
Qu'accompagne l'immense orgue des vents grondeurs, –
De cette fonction sublime de berceuse ?
10 La mer, la vaste mer console nos labeurs !

Emporte-moi, wagon ! enlève-moi, frégate[2] !
Loin ! – loin ! – ici la boue est faite de nos pleurs !
– Est-il vrai que parfois le triste cœur d'Agathe
Dise : Loin des remords, des crimes, des douleurs,
15 Emporte-moi, wagon, enlève-moi, frégate ?

Comme vous êtes loin, paradis parfumé,
Où sous un clair azur tout n'est qu'amour et joie,
Où tout ce que l'on aime est digne d'être aimé,
Où dans la volupté[3] pure le cœur se noie !
20 Comme vous êtes loin, paradis parfumé !

---

notes

1. Poème publié dans la *Revue des Deux Mondes* le 1er juin 1855. Le titre signifie en latin « *triste et vagabonde* ».

2. frégate : grand bateau à voiles à trois mâts.

3. volupté : jouissance profonde qui peut provenir du plaisir sexuel, sensuel ou esthétique.

Mais le vert paradis des amours enfantines,
Les courses, les chansons, les baisers, les bouquets,
Les violons mourant derrière les collines,
Avec les brocs de vin, le soir, dans les bosquets,
25 – Mais le vert paradis des amours enfantines,

L'innocent paradis, plein de plaisirs furtifs[1],
Est-il déjà plus loin que l'Inde et que la Chine ?
– Peut-on le rappeler avec des cris plaintifs
Et l'animer encor d'une voix argentine,
30 L'innocent paradis plein de plaisirs furtifs ?

note ....

1. furtif :
étymologiquement, signifie
volé, puis caché, secret
ou encore fugace, fugitif.

LVI. LES CHATS[1]

Les amoureux fervents[2] et les savants austères
Aiment également dans leur mûre saison
Les chats puissants et doux, orgueil de la maison,
Qui comme eux sont frileux et comme eux sédentaires.

5   Amis de la science et de la volupté[3],
Ils cherchent le silence et l'horreur des ténèbres ;
L'Érèbe[4] les eût pris pour ses coursiers[5] funèbres,
S'ils pouvaient au servage[6] incliner leur fierté.

Ils prennent en songeant les nobles attitudes
10   Des grands sphinx[7] allongés au fond des solitudes[8],
Qui semblent s'endormir dans un rêve sans fin ;

Leurs reins féconds sont pleins d'étincelles magiques,
Et des parcelles d'or, ainsi qu'un sable fin,
Étoilent vaguement leurs prunelles mystiques.

---

notes

1. Poème publié en revue le 14 novembre 1847. C'est lui qui a imposé à ses contemporains l'image de Baudelaire en tant que « *poètes des chats* ».

2. fervents : ardents, enthousiastes, passionnés.

3. volupté : jouissance profonde qui peut provenir du plaisir sexuel, sensuel ou esthétique.

4. Érèbe : dans la mythologie grecque, Érèbe est fils du Chaos et frère de la Nuit. Il représente les Ténèbres infernales.

5. coursiers : terme classique et poétique pour désigner les chevaux de course.

6. servage : du latin *servus*, esclave, ce mot est synonyme d'esclavage.

7. sphinx : monstre énigmatique, mystérieux et cruel de la mythologie grecque, mi-femme, mi-lion.

8. solitudes : lieux solitaires, déserts (terme ancien et poétique).

LVII. LES HIBOUX[1]

Sous les ifs[2] noirs qui les abritent,
Les hiboux se tiennent rangés,
Ainsi que des dieux étrangers,
Dardant[3] leur œil rouge. Ils méditent.

5 Sans remuer ils se tiendront
Jusqu'à l'heure mélancolique
Où, poussant le soleil oblique,
Les ténèbres s'établiront.

Leur attitude au sage enseigne
10 Qu'il faut en ce monde qu'il craigne
Le tumulte et le mouvement ;

L'homme ivre d'une ombre qui passe
Porte toujours le châtiment
D'avoir voulu changer de place.

notes

1. Poème publié en revue le 9 avril 1851.
2. ifs : conifères à petits fruits rouges.

3. **Dardant** : jetant, lançant, par extension du sens étymologique où « darder » signifie frapper avec un dard, une pointe.

LVIII. LA CLOCHE FÊLÉE[1]

Il est amer et doux, pendant les nuits d'hiver,
D'écouter près du feu qui palpite et qui fume
Les souvenirs lointains lentement s'élever[2]
Au bruit des carillons qui chantent dans la brume.

5   Bienheureuse la cloche au gosier vigoureux
Qui, malgré sa vieillesse, alerte et bien portante,
Jette fidèlement son cri religieux,
Ainsi qu'un vieux soldat qui veille sous la tente !

Moi, mon âme est fêlée, et lorsqu'en ses ennuis
10   Elle veut de ses chants peupler l'air froid des nuits,
Il arrive souvent que sa voix affaiblie

Semble le râle épais d'un blessé qu'on oublie
Au bord d'un lac de sang, sous un grand tas de morts,
Et qui meurt, sans bouger, dans d'immenses efforts.

notes ....

1. Poème publié en revue
le 9 avril 1851 sous le titre
« Le spleen ».

2. Rime « normande » entre
les vers 1 et 3 (par allusion
à l'accent normand qui fait
entendre le « r » des verbes
à l'infinitif). On peut parler
également ici de rime pour
l'œil.

LIX. SPLEEN[1]

Pluviôse[2] irrité contre la ville entière
De son urne[3] à grands flots verse un froid ténébreux
Aux pâles habitants du voisin cimetière
Et la mortalité sur les faubourgs brumeux.

5   Mon chat sur le carreau cherchant une litière
Agite sans repos son corps maigre et galeux[4] ;
L'ombre d'un vieux poète erre dans la gouttière[5]
Avec la triste voix d'un fantôme frileux.

Le bourdon[6] se lamente, et la bûche enfumée
10 Accompagne en fausset[7] la pendule enrhumée,
Cependant qu'en un jeu plein de sales parfums,

Héritage fatal d'une vieille hydropique[8],
Le beau valet de cœur et la dame de pique
Causent sinistrement de leurs amours défunts.

---

notes

1. Poème publié en revue le 9 avril 1851 sous le titre « Le spleen ». Ce mot est un emprunt de l'anglais et signifie littéralement « rate » puis par métonymie l'humeur noire qui est selon la médecine ancienne à l'origine de la mélancolie. Le mot « dépression » pourrait en être un équivalent moderne.

2. **Pluviôse** : cinquième mois du calendrier révolutionnaire mis en place lors de la première république en 1792. Il couvre à peu près la période qui s'étend du 20 janvier au 19 février.

3. **urne** : vase funéraire où l'on place les cendres du défunt.

4. **galeux** : qui semble ou qui est atteint par la maladie de la peau appelée « gale ».

5. **Vers 7, variante de 1861** : « *L'âme d'un vieux poète erre dans la gouttière* ».

6. **bourdon** : il s'agit de la plus grosse et de la plus grave des cloches d'une église.

7. **fausset** : voix aiguë, grêle ou nasillarde qui s'apparente à une voix fausse et discordante.

8. **hydropique** : atteint par l'hydropisie, maladie qui se caractérise par un épanchement excessif de liquides divers à l'intérieur de l'abdomen, produisant une grosseur inhabituelle du ventre.

LX. SPLEEN[1]

J'ai plus de souvenirs que si j'avais mille ans.

Un gros meuble à tiroirs encombré de bilans,
De vers, de billets doux, de procès, de romances[2],
Avec de lourds cheveux roulés dans des quittances,
5   Cache moins de secrets que mon triste cerveau.
C'est une pyramide, un immense caveau,
Qui contient plus de morts que la fosse commune.
– Je suis un cimetière abhorré[3] de la lune,
Où comme des remords se traînent de longs vers
10 Qui s'acharnent toujours sur mes morts les plus chers.
Je suis un vieux boudoir[4] plein de roses fanées,
Où gît tout un fouillis de modes surannées[5],
Où les pastels[6] plaintifs et les pâles Boucher[7]
Hument le vieux parfum d'un flacon débouché[8].

15 Rien n'égale en longueur les boiteuses journées,
Quand sous les lourds flocons des neigeuses années
L'ennui, fruit de la morne[9] incuriosité,
Prend les proportions de l'immortalité.
– Désormais tu n'es plus, ô matière vivante,
20 Qu'un granit entouré d'une vague épouvante,

notes ···

1. **Titre initial** : « Le spleen ». Pour le sens de ce terme, *Cf.* note n° 1, page précédente.

2. **romances** : chansons sentimentales.

3. **abhorré** : détesté, exécré, haï.

4. **boudoir** : petit salon (par extension du sens étymologique de pièce pour aller bouder).

5. **surannées** : désuètes, démodées.

6. **pastels** : synecdoque*, tableaux dessinés au pastel.

7. **Boucher** : métonymie, tableaux peints par Boucher, peintre français du XVIIIᵉ siècle (1703-1770).

8. **Vers 14, variante de 1861** : « *Seuls, respirent l'odeur d'un flacon débouché* ».

9. **morne** : triste, sombre, terne.

*: *Cf.* Glossaire

Assoupi dans le fond d'un Saharah brumeux,
– Un vieux sphinx[1] ignoré du monde insoucieux,
Oublié sur la carte, et dont l'humeur farouche
Ne chante qu'aux rayons du soleil qui se couche[2].

LXI. SPLEEN[1]

Je suis comme le roi d'un pays pluvieux,
Riche, mais impuissant, jeune et pourtant très-vieux[2],
Qui de ses précepteurs[3] méprisant les courbettes,
S'ennuie avec ses chiens comme avec d'autres bêtes.
5 Rien ne peut l'égayer, ni gibier, ni faucon,
Ni son peuple mourant en face du balcon.
Du bouffon favori la grotesque ballade[4]
Ne distrait plus le front de ce cruel malade ;
Son lit fleurdelisé[5] se transforme en tombeau,
10 Et les dames d'atour[6], pour qui tout prince est beau,
Ne savent plus trouver d'impudique toilette
Pour tirer un souris[7] de ce jeune squelette.
Le savant qui lui fait de l'or n'a jamais pu
De son être extirper l'élément corrompu[8],
15 Et dans ces bains de sang qui des Romains nous viennent,
Et dont sur leurs vieux jours les puissants se souviennent,
Il n'a pas réchauffé ce cadavre hébété[9]
Où coule au lieu de sang l'eau verte du Léthé[10].

notes

1. Titre initial : « Le spleen ». Pour le sens de ce terme, *Cf.* note n° 1, p. 135.

2. Vers 2, variante de 1861 : « *très vieux* ».

3. **précepteurs** : professeurs particuliers d'enfants de familles nobles ou riches.

4. **ballade** : poème d'origine médiévale, proche de la chanson par le retour d'un refrain et son caractère simple, familier, voire populaire.

5. **fleurdelisé** : décoré de fleurs de lys (l'emblème de la monarchie française).

6. **dames d'atour** : dames de compagnie chargées de l'habillement et du choix des toilettes des reines et des princesses.

7. **souris** : terme classique pour sourire.

8. **corrompu** : au sens propre, altéré, en décomposition ; au sens figuré, valeur morale, dépravé, dissolu, vénal.

9. Vers 17, variante de 1861 : « *Il n'a su réchauffer ce cadavre hébété* ». En médecine, l'hébétude est un état morbide caractérisé par l'abrutissement de toute fonction intellectuelle.

10. **Léthé** : source de l'oubli (« *léthé* » : oubli) située dans les enfers de la mythologie grecque antique. Les morts devaient s'y abreuver pour oublier leur passé.

LXII. SPLEEN

Quand le ciel bas et lourd pèse comme un couvercle
Sur l'esprit gémissant[1] en proie aux longs ennuis,
Et que de l'horizon embrassant tout le cercle
Il nous fait un jour noir plus triste que les nuits[2] ;

5 Quand la terre est changée en un cachot humide,
Où l'Espérance, comme une chauve-souris,
S'en va battant les murs de son aile timide,
Et se cognant la tête à des plafonds pourris ;

Quand la pluie étalant ses immenses traînées
10 D'une vaste prison imite les barreaux,
Et qu'un peuple muet d'horribles araignées[3]
Vient tendre ses filets au fond de nos cerveaux,

Des cloches tout-à-coup[4] sautent avec furie
Et lancent vers le ciel un affreux hurlement,
15 Ainsi que des esprits errants et sans patrie
Qui se mettent à geindre opiniâtrement[5].

— Et d'anciens corbillards, sans tambours ni musique,
Défilent lentement dans mon âme ; et, l'Espoir
Pleurant comme un vaincu, l'Angoisse despotique
20 Sur mon crâne incliné plante son drapeau noir[6].

notes

1. gémissant : de gémir signifiant geindre, exprimer sa souffrance d'une voix plaintive.

2. Vers 4, variante de 1861 : « *Il nous verse un jour plus triste que les nuits ;* ».

3. Vers 11, variante de 1861 : « *Et qu'un peuple muet d'infâmes araignées* ».

4. Vers 13, variante de 1861 : « *tout à coup* ».

5. opiniâtrement : obstinément, avec obstination.

6. Vers 17 à 20, variante de 1861 : « *– Et de longs corbillards, sans tambours ni musique, / Défilent lentement dans mon âme ; l'Espoir, / Vaincu, pleure, et l'Angoisse atroce, despotique, / Sur mon crâne incliné plante son drapeau noir.* »

LXIII. BRUMES ET PLUIES

Ô fins d'automne, hivers, printemps trempés de boue,
Endormeuses saisons ! je vous aime et vous loue
D'envelopper ainsi mon cœur et mon cerveau
D'un linceul[1] vaporeux et d'un brumeux tombeau[2].

5   Dans cette grande plaine où l'autan[3] froid se joue,
Où par les longues nuits la girouette s'enroue,
Mon âme mieux qu'au temps du tiède renouveau
Ouvrira largement ses ailes de corbeau.

Rien n'est plus doux au cœur plein de choses funèbres,
10 Et sur qui dès long-temps[4] descendent les frimas[5],
Ô blafardes[6] saisons, reines de nos climats !

Que l'aspect permanent de vos pâles ténèbres,
– Si ce n'est par un soir sans lune, deux à deux,
D'endormir la douleur sur un lit hasardeux[7].

---

notes

1. linceul : drap blanc (ou suaire) dans lequel on enveloppe les morts.
2. Vers 4, variante de 1861 : « *D'un linceul vaporeux et d'un vague tombeau.* »

3. autan : terme poétique qui désigne un vent violent.
4. Vers 10, variante de 1861 : « *longtemps* ».
5. frimas : brouillards givrants.

6. blafardes : pâles, décolorées.
7. hasardeux : pris au hasard.

140

LXIV. L'IRRÉMÉDIABLE[1]

Une Idée, une Forme, un Être
Parti de l'azur et tombé
Dans un Styx[2] bourbeux et plombé
Où nul œil du Ciel ne pénètre ;

5   Un Ange, imprudent voyageur
Qu'a tenté l'amour du difforme,
Au fond d'un cauchemar énorme
Se débattant comme un nageur,

Et luttant, angoisses funèbres !
10   Contre un gigantesque remous
Qui va chantant comme les fous
Et pirouettant dans les ténèbres ;

Un malheureux ensorcelé
Dans ses tâtonnements futiles,
15   Pour fuir d'un lieu plein de reptiles,
Cherchant la lumière et la clé ;

Un damné descendant sans lampe,
Au bord d'un gouffre dont l'odeur
Trahit l'humide profondeur,
20   D'éternels escaliers sans rampe,

notes ....

1. Poème publié en revue le 10 mai 1857. Dans l'édition de 1861, le poème sera composé de deux parties numérotées, la première couvrant les huit premières strophes et la seconde les deux dernières. Le titre est formé d'un adjectif substantivé qui est l'antonyme de « remédiable », formé lui-même sur le verbe « remédier », ce qui explique que Baudelaire l'orthographie ainsi. Le titre du poème L, p. 120, (« L'irréparable ») est proche de celui-ci.

2. Styx : fleuve ou étendue d'eau marécageuse qui marque l'entrée des Enfers dans la mythologie grecque.

Où veillent des monstres visqueux
Dont les larges yeux de phosphore
Font une nuit plus noire encore
Et ne rendent visibles qu'eux ;

25 Un navire pris dans le pôle,
Comme en un piège de cristal,
Cherchant par quel détroit fatal
Il est tombé dans cette geôle[1] ;

— Emblêmes[2] nets, tableau parfait
30 D'une fortune irremédiable[3],
Qui donne à penser que le Diable
Fait toujours bien tout ce qu'il fait !

Tête-à-tête sombre et limpide
Qu'un cœur devenu son miroir !
35 Puits de Vérité, clair et noir,
Où tremble une étoile livide[4],

Un phare ironique, infernal,
Flambeau des grâces sataniques,
Soulagement et gloire uniques,
40 — La conscience dans le Mal !

---

notes

1. geôle : prison (terme ancien).

2. emblêmes : orthographe baudelairienne de « *emblèmes* », représentations symboliques.

3. irremédiable : orthographe de l'époque pour « *irrémédiable* » (*Cf.* note 1, p. 141).

4. livide : pâle, blême, blafard.

LXV. À UNE MENDIANTE ROUSSE

Ma blanchette aux cheveux roux[1],
Dont la robe par ses trous
Laisse voir la pauvreté
    Et la beauté,

5   Pour moi, poète chétif[2],
Ton jeune corps maladif
Plein de taches de rousseur
    A sa douceur ;

Tu portes plus galamment
10   Qu'une pipeuse[3] d'amant
Ses brodequins de velours[4]
    Tes sabots lourds.

Au lieu d'un haillon[5] trop court,
Qu'un superbe habit de cour
15   Traîne à plis bruyants et longs
    Sur tes talons ;

En place de bas troués,
Que pour les yeux des roués[6]
Sur ta jambe un poignard d'or
20   Reluise encor[7] ;

notes

1. Vers 1, variante de 1861 : « *Blanche fille aux cheveux roux* ».

2. chétif : maigre, pauvre, misérable ou dérisoire.

3. pipeuse : qui trompe.
Vers 10, variante de 1861 : « *Qu'une reine de roman* ».

4. Vers 11, variante de 1861 : « *Ses cothurnes de velours* ». Les brodequins sont des chaussures montantes. La variante nous invite à y voir le sens ancien de chaussures de personnages de comédie, alors que, dans l'Antiquité, les cothurnes étaient réservées aux personnages de tragédie.

5. haillon : tissu en lambeaux, loque, guenille.

6. roués : libertins condamnés au supplice de la roue (écartèlement), par extension, débauchés.

7. encor : licence poétique en raison de la prosodie, lire « encore ».

Que des nœuds mal attachés
Dévoilent pour nos péchés
Ton sein plus blanc que du lait
    Tout nouvelet[1] ;

25   Que pour te déshabiller
Tes bras se fassent prier
Et chassent à coups mutins[2]
    Les doigts lutins[3] ;

  — Perles de la plus belle eau,
30   Sonnets de maître Belleau[4]
Par tes galants mis aux fers
    Sans cesse offerts,

Valetaille[5] de rimeurs
Te dédiant leurs primeurs[6]
35   Et reluquant ton soulier[7]
    Sous l'escalier,

---

notes

1. Vers 23-24, variante de 1861 : « *Tes deux beaux seins, radieux / Comme des yeux ;* ». « *nouvelet* » est un diminutif affectif employé notamment par Ronsard dans son *Ode à la fontaine Bellerie*, en 1550. Il signifie « nouveau », au sens de « tout jeune ».

2. mutins : joueurs, taquins.

3. lutins : petits démons espiègles ; par extension, enfants vifs et malicieux.

4. Belleau : Rémi Belleau (1528-1577), poète de la Pléiade (mouvement littéraire et poétique du milieu du XVIe siècle dont Ronsard et Du Bellay restent les poètes les plus célèbres).

5. valetaille : valets et domestiques. Terme collectif à connotation péjorative. « *Valletaille de rimeurs* » est une expression métaphorique qui désigne péjorativement des poètes médiocres (ils ne font que des rimes), nombreux et asservis.

6. primeurs : nouvelles productions.

7. Vers 35, variante de 1861 : « *Et contemplant ton soulier* ». « *Reluquer* » : regarder avec insistance et convoitise.

Maint page ami du hasard[1],
Maint seigneur et maint Ronsard[2]
Épieraient pour le déduit[3]
  Ton frais réduit[4].

Tu compterais dans tes lits
Plus de baisers que de lis[5]
Et rangerais sous tes lois
  Plus d'un Valois[6] !

45 – Cependant tu vas gueusant[7]
Quelque vieux débris gisant[8]
Au seuil de quelque Véfour[9]
  De carrefour ;

Tu vas lorgnant en dessous
50 Des bijoux de vingt-neuf sous
Dont je ne puis, oh ! pardon !
  Te faire don ;

Va donc, sans autre ornement,
Parfum, perles, diamant,
55 Que ta maigre nudité,
  Ô ma beauté !

---

notes

1. Vers 37, variante de 1861 : « *Maint page épris du hasard,* ». Un page est un jeune noble.

2. Ronsard : poète français (1524-1585) le plus célèbre du groupe de la Pléiade.

3. déduit : divertissement, amusement amoureux.

4. réduit : au sens propre, petit espace ou logement. Ici allusion au sexe féminin.

5. lis : lys, fleur emblématique de la monarchie française.

6. Valois : famille royale, la dynastie des Valois régna en France de 1328 à 1589.

7. gueusant : qui vit comme un gueux, un misérable, un mendiant (archaïsme).

8. gisant : être étendu, être couché (participe présent du verbe *gésir*).

9. Véfour : un restaurant chic, par antonomase des célèbres grand et petit Véfour situés aux alentours du Palais-Royal à Paris.

LXVI. LE JEU

Dans des fauteuils fanés des courtisanes vieilles,
– Fronts poudrés, sourcils peints sur des regards d'acier, –
Qui s'en vont brimbalant à leurs maigres oreilles
Un cruel et blessant tic-tac de balancier[1] ;

5   Autour des verts tapis des visages sans lèvre,
Des lèvres sans couleur, des mâchoires sans dent,
Et des doigts convulsés[2] d'une infernale fièvre,
Fouillant la poche vide ou le sein palpitant ;

Sous de sales plafonds un rang de pâles lustres
10   Et d'énormes quinquets[3] projetant leurs lueurs
Sur des fronts ténébreux de poètes illustres
Qui viennent gaspiller leurs sanglantes sueurs :

– Voilà le noir tableau qu'en un rêve nocturne
Je vis se dérouler sous mon œil clairvoyant ;
15   Moi-même, dans un coin de l'antre taciturne[4],
Je me vis accoudé, froid, muet, enviant,

Enviant de ces gens la passion tenace,
De ces vieilles putains la funèbre[5] gaîté[6],
Et tous gaillardement trafiquant à ma face,
20   L'un de son vieil honneur, l'autre de sa beauté !

notes ....

1. Vers 2-4, variante de 1861 :
« *Pâles, le sourcil peint, l'œil
câlin et fatal, / Minaudant,
et faisant de leurs maigres
oreilles / Tomber un cliquetis
de pierre et de métal ; »*.

2. convulsés : agités,
contractés, crispés.

3. quinquets : lampes à huile
ou à pétrole.

4. antre taciturne : lieu
mystérieux (antre) et
sombre (taciturne).

5. funèbre : lugubre,
sinistre.

6. gaîté : archaïsme
pour gaieté, orthographe
modifiée en 1861.

Et mon cœur s'effraya d'envier le pauvre homme
Qui court avec ferveur[1] à l'abîme béant,
Et, soûlé de son sang, préférerait en somme[2]
La douleur à la mort et l'enfer au néant !

notes ....

1. ferveur : enthousiasme.
**2. Vers 21 à 23, variante
de 1861 :** « *Et mon cœur
s'effraya d'envier maint
pauvre homme / Courant
avec ferveur à l'abîme béant, /
Et qui, soûl de son sang,
préférerait en somme* ».

LXVII. LE CRÉPUSCULE DU SOIR[1]

Voici le soir charmant, ami du criminel ;
Il vient comme un complice, à pas de loup ; – le ciel
Se ferme lentement comme une grande alcôve[2],
Et l'homme impatient se change en bête fauve.

5   Ô soir, aimable soir, désiré par celui
Dont les bras, sans mentir, peuvent dire : Aujourd'hui
Nous avons travaillé ! – C'est le soir qui soulage
Les esprits que dévore une douleur sauvage,
Le savant obstiné dont le front s'alourdit,
10   Et l'ouvrier courbé qui regagne son lit.
Cependant des démons malsains dans l'atmosphère
S'éveillent lourdement, comme des gens d'affaire,
Et cognent en volant les volets et l'auvent[3].
À travers les lueurs que tourmente le vent
15   La Prostitution s'allume dans les rues ;
Comme une fourmilière elle ouvre ses issues ;
Partout elle se fraye un occulte[4] chemin,
Ainsi que l'ennemi qui tente un coup de main ;
Elle remue au sein de la cité de fange[5]
20   Comme un ver qui dérobe à l'Homme ce qu'il mange.
On entend çà et là les cuisines siffler,

notes

1. Poème publié en revue le 1er février 1852. Le mot « *crépuscule* » est ambivalent à l'époque, il désigne aussi bien la lumière douteuse, incertaine qui précède le lever ou le coucher du soleil, c'est ce qui explique la précision de Baudelaire. Aujourd'hui, il s'est spécialisé pour désigner exclusivement le coucher du soleil.

2. alcôve : terme à connotation érotique, désigne la chambre à coucher ou la partie d'une pièce aménagée à cet effet.

3. auvent : partie de toit qui surmonte et protège une porte d'entrée ou une fenêtre.

4. occulte : secret, caché, mystérieux.

5. fange : au sens propre, boue. Au sens figuré, abjection, chose ignoble, terme très péjoratif.

Les théâtres glapir[1], les orchestres ronfler ;
Les tables d'hôte, dont le jeu fait les délices,
S'emplissent de catins[2] et d'escrocs, leurs complices,
25 Et les voleurs, qui n'ont ni trêve ni merci[3],
Vont bientôt commencer leur travail, eux aussi,
Et forcer doucement les portes et les caisses
Pour vivre quelques jours et vêtir leurs maîtresses.

Recueille-toi[4], mon âme, en ce grave moment,
30 Et ferme ton oreille à ce rugissement[5].
C'est l'heure où les douleurs des malades s'aigrissent[6] !
La sombre Nuit les prend à la gorge ; – ils finissent
Leur destinée et vont vers le gouffre commun ;
L'hôpital se remplit de leurs soupirs. – Plus d'un
35 Ne viendra plus chercher la soupe parfumée,
Au coin du feu, le soir, auprès d'une âme aimée.

Encore la plupart n'ont-ils jamais connu
La douceur du foyer et n'ont jamais vécu !

---

notes

1. glapir : pousser un cri d'animal bref et aigu.
2. catins : prostituées.
3. merci : charité, pitié.
4. recueille-toi : « se recueillir » signifie, au sens propre, prier, méditer.

Par extension, il perd tout sens religieux pour désigner « méditer », « se concentrer sur soi, sur son intériorité ».
5. rugissement : cri du lion ou de certains fauves.
6. s'aigrissent : deviennent plus âpres, plus aiguës.

LXVIII. LE CRÉPUSCULE DU MATIN[1]

La diane[2] chantait dans les cours des casernes,
Et le vent du matin soufflait sur les lanternes.

C'était l'heure où l'essaim des rêves malfaisants
Tord sur leurs oreillers les bruns adolescents ;
5   Où, comme un œil sanglant qui palpite et qui bouge,
La lampe sur le jour fait une tache rouge ;
Où l'âme, sous le poids du corps revêche[3] et lourd,
Imite les combats de la lampe et du jour.
Comme un visage en pleurs que les brises essuient,
10 L'air est plein du frisson des choses qui s'enfuient,
Et l'homme est las d'écrire et la femme d'aimer.

Les maisons çà et là commençaient à fumer.
Les femmes de plaisir, la paupière livide[4],
Bouche ouverte, dormaient de leur sommeil stupide ;
15 Les pauvresses, traînant leurs seins maigres et froids,
Soufflaient sur leurs tisons[5] et soufflaient sur leurs doigts.
C'était l'heure où parmi le froid et la lésine[6]
S'aggravent les douleurs des femmes en gésine[7] ;
Comme un sanglot coupé par un sang écumeux
20 Le chant du coq au loin déchirait l'air brumeux,
Une mer de brouillards baignait les édifices,

notes ···

1. Poème publié en revue le 1er février 1852. Le titre évoque bien sûr l'aube ou l'aurore.

2. diane : batterie de tambour ; par extension, sonnerie de clairon destinée à réveiller la troupe au lever du jour.

3. revêche : âpre, rude, rébarbatif.

4. livide : pâle, blême, blafard.

5. tisons : morceaux de bois en partie calcinés et en partie encore à l'état de braise.

6. lésine : avarice mesquine (mot rare au XIXe siècle).

7. en gésine : en train d'accoucher (de *gésir*, être couché).

Et les agonisants dans le fond des hospices
Poussaient leur dernier râle[1] en hoquets inégaux.
Les débauchés rentraient, brisés par leurs travaux.

25 L'aurore grelottante en robe rose et verte
S'avançait lentement sur la Seine déserte,
Et le sombre Paris, en se frottant les yeux,
Empoignait ses outils, – vieillard laborieux !

note ....

1. râle : bruit rauque produit
par les ultimes expirations
d'un mourant lors de
son agonie.

LXIX

La servante au grand cœur dont vous étiez jalouse
– Dort-elle son sommeil sous une humble pelouse ? –
Nous aurions déjà dû lui porter quelques fleurs[1].
Les morts, les pauvres morts ont de grandes douleurs ;
5   Et quand Octobre souffle, émondeur[2] des vieux arbres,
Son vent mélancolique à l'entour de leurs marbres,
Certe[3], ils doivent trouver les vivants bien ingrats,
À dormir, comme ils font, chaudement dans leurs draps,
Tandis que, dévorés de noires songeries,
10 Sans compagnon de lit, sans bonnes causeries,
Vieux squelettes gelés travaillés par le ver,
Ils sentent s'égoutter les neiges de l'hiver,
Et l'éternité fuir sans qu'amis ni famille[4]
Remplacent les lambeaux qui pendent à leur grille.

15 Lorsque la bûche siffle et chante, si le soir,
Calme, dans le fauteuil elle venait s'asseoir[5],
Si par une nuit bleue et froide de décembre,
Je la trouvais tapie[6] en un coin de ma chambre,
Grave, et venant du fond de son lit éternel
20 Couver l'enfant grandi de son œil maternel,
Que pourrais-je répondre à cette âme pieuse[7],
Voyant tomber des pleurs de sa paupière creuse ?

---

notes

1. Vers 2-3, variante de 1861 : « *Et qui dort son sommeil sous une humble pelouse, / Nous devrions pourtant lui porter quelques fleurs.* »

2. émondeur : qui débarrasse les arbres de leurs feuilles mortes.

3. certe : licence poétique pour « certes » en raison des exigences de la versification.

4. Vers 13, variante de 1861 : « *Et le siècle couler, sans qu'amis ni famille* ».

5. Vers 16, variante de 1861 : « *Calme, dans le fauteuil je la voyais s'asseoir,* ».

6. tapie : cachée, se blottissant.

7. pieuse : religieuse, qui respecte et vénère une divinité.

LXX

Je n'ai pas oublié, voisine de la ville,
Notre blanche maison, petite mais tranquille ;
Sa Pomone de plâtre et sa vieille Vénus[1]
Dans un bosquet chétif[2] cachant leurs membres nus ;
5 – Et le soleil, le soir, ruisselant et superbe,
Qui, derrière la vitre où se brisait sa gerbe,
Semblait, grand œil ouvert dans le ciel curieux,
Contempler nos dîners longs et silencieux,
Et versait largement ses beaux reflets de cierge[3]
10 Sur la nappe frugale[4] et les rideaux de serge[5].

notes ....

1. Ce vers évoque des sculptures de plâtre représentant des divinités de la mythologie romaine antique : Pomone (déesse des fruits et des jardins) et Vénus (déesse de l'amour).

2. chétif : maigre, piteux, dérisoire.
3. Vers 9, variante de 1861 : « *répandant largement ses beaux reflets de cierge* ». Un cierge est une grande et longue chandelle utilisée dans la liturgie chrétienne.

4. frugale : sobre et simple. Par métonymie, peut aussi désigner la nourriture simple et peu abondante placée sur la nappe.
5. serge : étoffe de laine à tissage serré.

LXXI. LE TONNEAU DE LA HAINE[1]

La Haine est le tonneau des pâles Danaïdes[2] ;
La Vengeance éperdue[3] aux bras rouges et forts
A beau précipiter dans ses ténèbres vides
De grands seaux pleins du sang et des larmes des morts,

5   Le Démon fait des trous secrets à ces abîmes,
Par où fuiraient mille ans de sueurs et d'efforts,
Quand même elle saurait allonger ses victimes,
Et pour les resaigner galvaniser[4] leurs corps[5].

La Haine est un ivrogne au fond d'une taverne,
10   Qui sent toujours la soif naître de la liqueur
Et se multiplier comme l'hydre de Lerne[6].

– Mais les buveurs heureux connaissent leur vainqueur,
Et la Haine est vouée à ce sort lamentable
De ne pouvoir jamais s'endormir sous la table.

notes

1. Poème publié en revue le 9 avril 1851.

2. Danaïdes : dans la mythologie grecque, les filles du roi Danaos qui tuèrent leurs époux durant leur nuit de noces sur l'ordre de leur père. Elles furent conduites aux Enfers et condamnées à remplir éternellement un tonneau sans fond.

3. éperdue : affolée, égarée.

4. galvaniser : du nom du savant italien Galvani, signifie, comme ici, au sens propre, insuffler un mouvement à un corps par le moyen de l'électricité.

5. Vers 7-8, variante de 1861 : « *Quand même elle saurait ranimer ses victimes, / Et pour les pressurer ressusciter leurs corps.* » Ces deux vers font allusion à un épisode de *La Pharsale* de Lucain

dans lequel une sorcière (Erictho) saigne des cadavres pour ressusciter un mort afin qu'il prédise le sort d'une bataille.

6. hydre de Lerne : monstre mythologique de forme serpentine localisé à Lerne, tué par Héraclès et dont la propriété était de pouvoir faire naître sept têtes à partir de la plaie d'une tête coupée.

LXXII. LE REVENANT

Comme des anges à l'œil fauve,
Je reviendrai dans ton alcôve[1]
Et vers toi glisserai sans bruit
Avec les ombres de la nuit ;

5 Et je te donnerai, ma brune,
Des baisers froids comme la lune
Et des caresses de serpent
Autour d'une fosse rampant.

Quand viendra le matin livide[2],
10 Tu trouveras ma place vide,
Où jusqu'au soir il fera froid.

Comme d'autres par la tendresse,
Sur ta vie et sur ta jeunesse,
Moi, je veux régner par l'effroi[3].

notes ....

1. **alcôve** : chambre
à coucher avec une
connotation érotique
sensible.

2. **livide** : pâle, blême,
blafard.
3. **effroi** : terreur.

LXXIII. LE MORT JOYEUX[1]

Dans une terre grasse et pleine d'escargots
Je veux creuser moi-même une fosse profonde,
Où je puisse à loisir étaler mes vieux os
Et dormir dans l'oubli comme un requin dans l'onde[2].

5   Je hais les testaments et je hais les tombeaux ;
Plutôt que d'implorer une larme du monde,
Vivant, j'aimerais mieux inviter les corbeaux
À saigner tous les bouts de ma carcasse immonde.

– Ô vers ! noirs compagnons sans oreille et sans yeux,
10   Voyez venir à vous un mort libre et joyeux ;
Philosophes viveurs[3], fils de la pourriture,

À travers ma ruine[4] allez donc sans remords,
Et dites-moi s'il est encor[5] quelque torture
Pour ce vieux corps sans âme et mort parmi les morts ?

LXXIV. SÉPULTURE[1]

Si par une nuit lourde et sombre
Un bon chrétien, par charité,
Derrière quelque vieux décombre
Enterre votre corps vanté,

5 À l'heure où les chastes étoiles
Ferment leurs yeux appesantis,
L'araignée y fera ses toiles,
Et la vipère ses petits ;

Vous entendrez toute l'année
10 Sur votre tête condamnée
Les cris lamentables des loups

Et des sorcières faméliques[2],
Les ébats[3] des vieillards lubriques[4]
Et les complots des noirs filous.

LXXV. TRISTESSES DE LA LUNE

Ce soir, la lune rêve avec plus de paresse ;
Ainsi qu'une beauté, sur de nombreux coussins,
Qui d'une main distraite et légère caresse,
Avant de s'endormir, le contour de ses seins,

5   Sur le dos satiné des molles avalanches,
Mourante, elle se livre aux longues pâmoisons[1],
Et promène ses yeux sur les visions blanches
Qui montent dans l'azur comme des floraisons[2].

Quand parfois sur ce globe, en sa langueur oisive[3],
10   Elle laisse filer une larme furtive[4],
Un poète pieux[5], ennemi du sommeil,

Dans le creux de sa main prend cette larme pâle,
Aux reflets irisés[6] comme un fragment d'opale[7],
Et la met dans son cœur loin des yeux du soleil.

notes ....

1. pâmoisons :
évanouissements, puis par
affaiblissement de sens,
extases.

2. floraisons :
épanouissement de fleurs.

3. langueur oisive :
indolence ou nonchalance
paresseuse.

4. furtive : cachée, secrète,
fugitive.

5. pieux : qui fait montre de
dévotion pour une croyance
religieuse, pour une divinité.

6. irisés : qui reflète
les couleurs du prisme
lumineux.

7. opale : pierre précieuse
à reflets irisés.

LXXVI. LA MUSIQUE

La musique parfois me prend comme une mer[1] !
    Vers ma pâle étoile,
Sous un plafond de brume ou dans un pur éther[2],
    Je mets à la voile ;

5 La poitrine en avant et gonflant mes poumons
    De toile pesante,
Je monte et je descends sur le dos des grands monts
    D'eau retentissante[3] ;

Je sens vibrer en moi toutes les passions
10   D'un vaisseau qui souffre :
Le bon vent, la tempête et ses convulsions

    Sur le sombre gouffre
Me bercent, et parfois le calme, – grand miroir
    De mon désespoir[4] !

---

notes

1. Vers 1, variante de 1861 : « *La musique souvent me prend comme une mer !* »

2. Vers 3, variante de 1861 : « *Sous un plafond de brume ou dans un vaste éther,* ». L'éther désigne, dans la mythologie antique, les espaces célestes et liquides où règnent les dieux.

3. Vers 5-8, variante de 1861 : « *La poitrine en avant et les poumons gonflés / Comme de la toile, / J'escalade le dos des flots amoncelés / Que la nuit me voile ;* ».

4. Vers 12-14, variante de 1861 : « *Sur l'immense gouffre / Me bercent. D'autres fois, calme plat, grand miroir / De mon désespoir !* »

159

LXXVII. LA PIPE

Je suis la pipe d'un auteur ;
On voit, à contempler ma mine
D'abyssinienne ou de cafrine[1],
Que mon maître est un grand fumeur.

5   Quand il est comblé de douleur,
Je fume comme la chaumine[2]
Où se prépare la cuisine
Pour le retour du laboureur.

J'enlace et je berce son âme
10   Dans le réseau mobile et bleu
Qui monte de ma bouche en feu,

Et je roule un puissant dictame[3]
Qui charme son cœur et guérit
De ses fatigues son esprit.

notes ··

1. Vers 3, variante de 1861 :
« *D'Abyssinienne ou de Cafrine* ». L'Abyssinie est l'ancien nom de l'Éthiopie (une Abyssinienne est donc une Éthiopienne). « *Cafrine* » désigne une femme appartenant au peuple cafre originaire de Cafrérie, région d'Afrique du Sud.

2. chaumine : petite chaumière.

3. dictame : plante médicinale ancienne sensée guérir les blessures.

Fleurs du mal

LXXVIII. LA DESTRUCTION[1]

Sans cesse à mes côtés s'agite le Démon ;
Il nage autour de moi comme un air impalpable ;
Je l'avale et le sens qui brûle mon poumon,
Et l'emplit d'un désir éternel et coupable.

5   Parfois il prend, sachant mon grand amour de l'Art,
La forme de la plus séduisante des femmes,
Et, sous de spécieux[2] prétextes de cafard[3],
Accoutume ma lèvre à des philtres[4] infâmes.

Il me conduit ainsi, loin du regard de Dieu,
10 Haletant et brisé de fatigue, au milieu
Des plaines de l'Ennui, profondes et désertes,

Et jette dans mes yeux pleins de confusion
Des vêtements souillés, des blessures ouvertes,
Et l'appareil sanglant de la Destruction !

LXXIX. UNE MARTYRE

DESSIN D'UN MAÎTRE INCONNU[1]

Au milieu des flacons, des étoffes lamées[2]
    Et des meubles voluptueux,
Des marbres, des tableaux, des robes parfumées
    Qui traînent à plis paresseux[3],

5 Dans une chambre tiède où, comme en une serre,
    L'air est dangereux et fatal,
Où des bouquets mourants dans leurs cercueils de verre
    Exhalent leur soupir final,

Un cadavre sans tête épanche, comme un fleuve,
10   Sur l'oreiller désaltéré
Un sang rouge et vivant, dont la toile s'abreuve
    Avec l'avidité d'un pré.

Semblable aux visions pâles qu'enfante l'ombre
    Et qui nous enchaînent les yeux,
15 La tête, avec l'amas de sa crinière sombre
    Et de ses bijoux précieux,

notes ....

1. Les poèmes de Baudelaire se présentent souvent comme des ecphrasis*. La description du tableau est ici imaginaire, le maître inconnu n'étant autre que Baudelaire lui-même ; mais il est notable que le poète ait besoin de cette correspondance esthétique avec la peinture.

2. étoffes lamées : se dit d'étoffes tissées de fils d'or.

3. Vers 4, variante de 1861 : « *Qui traînent à plis somptueux* ».

*: *Cf.* Glossaire

Sur la table de nuit, comme une renoncule[1],
    Repose ; et, vide de pensers[2],
Un regard vague et blanc comme le crépuscule
20   S'échappe des yeux révulsés.

Sur le lit, le tronc nu sans scrupules étale
    Dans le plus complet abandon
La secrète splendeur et la beauté fatale
    Dont la nature lui fit don ;

25 Un bas rosâtre, orné de coins d'or, à la jambe
    Comme un souvenir est resté ;
La jarretière, ainsi qu'un œil vigilant, flambe
    Et darde un regard diamanté[3].

Le singulier aspect de cette solitude
30   Et d'un grand portrait langoureux,
Aux yeux provocateurs comme son attitude,
    Révèle un amour ténébreux,

Une coupable joie et des fêtes étranges
    Pleines de baisers infernaux,
35 Dont se réjouissent l'essaim des mauvais anges
    Nageant dans les plis des rideaux ;

notes ....

1. **renoncule** : plante aquatique herbacée vivace, jaune ou blanche.
2. **pensers** : pensées (archaïsme orthographique).

3. **Vers 27-28, variante de 1861** : « *La jarretière, ainsi qu'un œil secret qui flambe, / Darde un regard diamanté.* »

Et cependant, à voir la maigreur élégante
  De l'épaule au contour heurté,
La hanche un peu pointue et la taille fringante[1]
40   Ainsi qu'un reptile irrité,

Elle est bien jeune encor ! — Son âme exaspérée
  Et ses sens par l'ennui mordus
S'étaient-ils entr'ouverts à la meute altérée[2]
  Des désirs errants et perdus ?

45 L'homme vindicatif[3] que tu n'as pu, vivante,
  Malgré tant d'amour, assouvir[4],
Combla-t-il sur ta chair inerte et complaisante
  L'immensité de son désir ?

Réponds, cadavre impur ! et par tes tresses roides[5]
50 Te soulevant d'un bras fiévreux,
Dis-moi, tête effrayante, a-t-il sur tes dents froides
  Collé les suprêmes adieux ?

– Loin du monde railleur, loin de la foule impure,
  Loin des magistrats curieux,
55 Dors en paix, dors en paix, étrange créature,
  Dans ton tombeau mystérieux ;

Ton époux court le monde, et ta forme immortelle
  Veille près de lui quand il dort ;
Autant que toi sans doute il te sera fidèle,
60 Et constant jusques[6] à la mort.

notes ....

1. **fringante :** alerte, vive, élégante.
2. **altérée :** dégradée, corrompue.

3. **vindicatif :** porté à la vengeance.
4. **assouvir :** satisfaire.

5. **roides :** terme ancien pour « raides ».
6. **jusques :** jusqu' (orthographe moderne).

LXXX. LESBOS[1]

Mère des jeux latins et des voluptés[2] grecques,
Lesbos, où les baisers languissants[3] ou joyeux,
Chauds comme les soleils, frais comme les pastèques,
Font l'ornement des nuits et des jours glorieux,
5   – Mère des jeux latins et des voluptés grecques,

Lesbos, où les baisers sont comme les cascades
Qui se jettent sans peur dans les gouffres sans fonds
Et courent, sanglotant et gloussant par saccades,
– Orageux et secrets, fourmillants et profonds ;
10   Lesbos, où les baisers sont comme les cascades !

Lesbos où les Phrynés[4] l'une l'autre s'attirent,
Où jamais un soupir ne resta sans écho,
À l'égal de Paphos[5] les étoiles t'admirent,
Et Vénus à bon droit peut jalouser Sapho[6] !
15   – Lesbos où les Phrynés l'une l'autre s'attirent,

1. Poème condamné par le tribunal correctionnel le 21 août 1857. Le poème avait pourtant déjà paru dans un recueil poétique collectif intitulé *Les poètes de l'amour*, en 1850. Lesbos est une île grecque célèbre dans l'Antiquité pour l'émancipation de ses femmes, d'où l'invention de l'adjectif « lesbien » pour caractériser l'homosexualité féminine. *Les Lesbiennes* avait été le premier titre imaginé par Baudelaire, dès 1845, pour désigner le recueil qui deviendra, en 1857, *Les Fleurs du mal.*

2. voluptés : jouissances profondes qui peuvent provenir du plaisir sexuel, sensuel ou esthétique.

3. languissants : faibles, fatigués, épuisés, voire douloureux.

4. Phrynés : très belles femmes, par antonomase, Phryné étant une courtisane grecque très belle.

5. Paphos : île consacrée, comme Chypre, à Aphrodite (Vénus), c'est-à-dire à l'amour.

6. Sapho : très célèbre poétesse lyrique grecque du VIIe siècle av. J.-C. qui chantait l'amour des femmes.

Lesbos, terre des nuits chaudes et langoureuses[1],
Qui font qu'à leurs miroirs, stérile volupté,
Les filles aux yeux creux, de leurs corps amoureuses,
Caressent les fruits mûrs de leur nubilité[2],

20 Lesbos, terre des nuits chaudes et langoureuses,

Laisse du vieux Platon[3] se froncer l'œil austère ;
Tu tires ton pardon de l'excès des baisers,
Reine du doux empire, aimable et noble terre,
Et des raffinements toujours inépuisés.

25 Laisse du vieux Platon se froncer l'œil austère.

Tu tires ton pardon de l'éternel martyre
Infligé sans relâche aux cœurs ambitieux
Qu'attire loin de nous le radieux sourire
Entrevu vaguement au bord des autres cieux ;

30 Tu tires ton pardon de l'éternel martyre !

Qui des Dieux osera, Lesbos, être ton juge,
Et condamner ton front pâli dans les travaux,
Si ses balances d'or n'ont pesé le déluge
De larmes qu'à la mer ont versé tes ruisseaux ?

35 Qui des Dieux osera, Lesbos, être ton juge ?

notes ....

1. **langoureuses** : synonyme de « *languissantes* » (*Cf.* note 3, page précédente).

2. **nubilité** : maturité sexuelle (étymologiquement, aptitude au mariage).

3. **Platon** : il est, avec son disciple Aristote, le plus grand philosophe grec de l'Antiquité (ve siècle av. J.-C.).

L'expression « *amour platonique* » désigne un amour chaste, voire purement intellectuel et spirituel ; elle découle d'une mauvaise compréhension des théories du philosophe, mais permet de comprendre la raison du mécontentement attribué à Platon dans ce vers.

Que nous veulent les lois du juste et de l'injuste ?
Vierges au cœur sublime, honneur de l'archipel[1],
Votre religion comme une autre est auguste[2],
Et l'amour se rira de l'enfer et du ciel[3] !
40   – Que nous veulent les lois du juste et de l'injuste ?

Car Lesbos entre tous m'a choisi sur la terre
Pour chanter le secret de ses vierges en fleur[4],
Et je fus dès l'enfance admis au noir mystère
Des rires effrénés mêlés au sombre pleur[5] ;
45   Car Lesbos entre tous m'a choisi sur la terre,

Et depuis lors je veille au sommet de Leucate[6],
Comme une sentinelle, à l'œil perçant et sûr,
Qui guette nuit et jour brick, tartane ou frégate[7],
Dont les formes au loin frissonnent dans l'azur,
50   – Et depuis lors je veille au sommet de Leucate

Pour savoir si la mer est indulgente et bonne,
Et parmi les sanglots dont le roc retentit
Un soir ramènera vers Lesbos qui pardonne
Le cadavre adoré de Sapho qui partit
55   Pour savoir si la mer est indulgente et bonne !

---

notes

1. **l'archipel** : l'archipel grec, c'est-à-dire la mer Égée.

2. **auguste** : sacré, saint, puis par extension, vénérable, respectable.

3. **Vers 39, variante de 1861** : « *Enfer* [...] *Ciel* ».

4. **Vers 42, variante de 1861** : « *en fleurs* ».

5. **Vers 44, variante de 1861** : « *aux sombres pleurs* ».

6. **Leucate** : ou Leucade, île ionienne pourvue d'un rocher escarpé d'où Sapho se serait précipitée dans la mer.

7. **brick, tartane ou frégate** : un brick est un grand bateau à deux mâts, une tartane est un petit navire de pêche méditerranéen et une frégate est un bâtiment de guerre à trois mâts.

De la mâle Sapho, l'amante et le poète,
Plus belle que Vénus par ses mornes[1] pâleurs !
– L'œil d'azur est vaincu par l'œil noir que tachète[2]
Le cercle ténébreux tracé par les douleurs
60 De la mâle Sapho, l'amante et le poète !

– Plus belle que Vénus se dressant sur le monde
Et versant les trésors de sa sérénité
Et le rayonnement de sa jeunesse blonde
Sur le vieil Océan de sa fille enchanté ;
65 Plus belle que Vénus se dressant sur le monde !

– De Sapho qui mourut le jour de son blasphême[3],
Quand, insultant le rite et le culte inventé,
Elle fit son beau corps la pâture suprême
D'un brutal dont l'orgueil punit l'impiété[4]
70 De Sapho qui mourut le jour de son blasphême.

Et c'est depuis ce temps que Lesbos se lamente,
Et, malgré les honneurs que lui rend l'univers,
S'enivre chaque nuit du cri de la tourmente
Que poussent vers les cieux ses rivages déserts.
75 Et c'est depuis ce temps que Lesbos se lamente !

---

notes

1. **mornes** : tristes, mélancoliques.
2. **Vers 58, variante de 1861 :** « *tachette* ».

3. **Vers 66 et 70, variante de 1861 :** « *blasphème* ». Un blasphème est une parole impie qui outrage une divinité ou une religion.

4. **impiété** : absence de religiosité ou hostilité à la religion.

LXXXI. FEMMES DAMNÉES[1]

À la pâle clarté des lampes languissantes[2],
Sur de profonds coussins tout imprégnés d'odeur,
Hippolyte rêvait aux caresses puissantes
Qui levaient le rideau de sa jeune candeur[3].

5   Elle cherchait d'un œil troublé par la tempête
De sa naïveté le ciel déjà lointain,
Ainsi qu'un voyageur qui retourne la tête
Vers les horizons bleus dépassés le matin.

De ses yeux amortis les paresseuses larmes,
10 L'air brisé, la stupeur, la morne[4] volupté[5],
Ses bras vaincus, jetés comme de vaines armes,
Tout servait, tout parait sa fragile beauté.

Étendue à ses pieds, calme et pleine de joie,
Delphine la couvait avec des yeux ardents,
15 Comme un animal fort qui surveille une proie,
Après l'avoir d'abord marquée avec les dents.

Beauté forte à genoux devant la beauté frêle,
Superbe, elle humait voluptueusement
Le vin de son triomphe, et s'allongeait vers elle
20 Comme pour recueillir un doux remercîment[6].

notes ....

1. **candeur** : Pièce condamnée par le tribunal correctionnel le 21 août 1857. En 1866 a été ajouté le sous-titre « Delphine et Hippolyte ».
2. **languissantes** : faibles, fatiguées, épuisées.

3. **candeur** : l'innocence, la naïveté (voir le vers 6) d'une jeune personne (du latin *candor*, blancheur).
4. **morne** : triste, mélancolique.

5. **volupté** : jouissance profonde qui peut provenir du plaisir sexuel, sensuel ou esthétique.
6. **remercîment** : orthographe ancienne, lire « remerciement ».

Elle cherchait dans l'œil de sa pâle victime
Le cantique[1] muet que chante le plaisir
Et cette gratitude infinie et sublime
Qui sort de la paupière ainsi qu'un long soupir :

25   — « Hippolyte, cher cœur, que dis-tu de ces choses ?
Comprends-tu maintenant qu'il ne faut pas offrir
L'holocauste[2] sacré de tes premières roses
Aux souffles violents qui pourraient les flétrir ?

Mes baisers sont légers comme ces éphémères[3]
30   Qui caressent le soir les grands lacs transparents,
Et ceux de ton amant creuseront leurs ornières
Comme des chariots ou des socs[4] déchirants ;

Ils passeront sur toi comme un lourd attelage
De chevaux et de bœufs aux sabots sans pitié…
35   Hippolyte, ô ma sœur ! tourne donc ton visage,
Toi, mon âme et mon cœur, mon tout et ma moitié,

Tourne vers moi tes yeux pleins d'azur et d'étoiles !
Pour un de ces regards charmants, baume[5] divin,
Des plaisirs plus obscurs je lèverai les voiles,
40   Et je t'endormirai dans un rêve sans fin ! »

notes

1. cantique : chant religieux et liturgique.

2. holocauste : sacrifice.

3. éphémères : insectes proches de la libellule qui ne vivent qu'un seul jour.

4. socs : partie métallique triangulaire de la charrue qui laboure le sol.

5. baume : au sens propre, résine odoriférante utilisée comme calmant et au sens figuré, un remède, une consolation, un adoucissement.

Mais Hippolyte alors, levant sa jeune tête :
– « Je ne suis point ingrate et ne me repens pas,
Ma Delphine, je souffre et je suis inquiète,
Comme après un nocturne et terrible repas.

45 Je sens fondre sur moi de lourdes épouvantes
Et de noirs bataillons de fantômes épars,
Qui veulent me conduire en des routes mouvantes
Qu'un horizon sanglant ferme de toutes parts.

Avons-nous donc commis une action étrange ?
50 Explique, si tu peux, mon trouble et mon effroi :
Je frissonne de peur quand tu me dis : mon ange !
Et cependant je sens ma bouche aller vers toi.

Ne me regarde pas ainsi, toi, ma pensée,
Toi que j'aime à jamais, ma sœur d'élection,
55 Quand même tu serais une embûche dressée
Et le commencement de ma perdition[1] ! »

Delphine secouant sa crinière tragique,
Et comme trépignant sur le trépied[2] de fer,
L'œil fatal, répondit d'une voix despotique :
60 – « Qui donc devant l'amour ose parler d'enfer ?

Maudit soit à jamais le rêveur inutile,
Qui voulut le premier, dans sa stupidité,
S'éprenant d'un problème insoluble et stérile,
Aux choses de l'amour mêler l'honnêteté !

notes

1. perdition : au sens religieux, l'état de péché dans lequel l'âme perd toutes chances de salut.

2. trépied : le siège de la Pythie de Delphes (temple d'Apollon) qui rendait des oracles en se laissant posséder par un dieu, d'où des trépignements et des scènes de délires furieux.

65 Celui qui veut unir dans un accord mystique
L'ombre avec la chaleur, la nuit avec le jour,
Ne chauffera jamais son corps paralytique
À ce rouge soleil que l'on nomme l'amour !

Va, si tu veux, chercher un fiancé stupide ;
70 Cours offrir un cœur vierge à ses cruels baisers ;
Et, pleine de remords et d'horreur, et livide,
Tu me rapporteras tes seins stigmatisés[1] ;

On ne peut ici bas contenter qu'un seul maître ! »
Mais l'enfant, épanchant une immense douleur,
75 Cria soudain : – « Je sens s'élargir dans mon être
Un abîme béant ; cet abîme est mon cœur,

Brûlant comme un volcan, profond comme le vide ;
Rien ne rassasiera ce monstre gémissant
Et ne rafraîchira la soif de l'Euménide[2],
80 Qui, la torche à la main, le brûle jusqu'au sang.

Que nos rideaux fermés nous séparent du monde,
Et que la lassitude amène le repos !
Je veux m'anéantir dans ta gorge[3] profonde,
Et trouver sur ton sein la fraîcheur des tombeaux. »

notes

1. stigmatisés : qui portent des cicatrices. On parle notamment des stigmates du Christ pour désigner ses blessures.

2. Euménide : dans la mythologie grecque, les Euménides sont les déesses de la vengeance qui harcèlent les criminels pour les châtier.

3. gorge : au XIXe siècle, la poitrine d'une femme.

85 Descendez, descendez, lamentables victimes,
Descendez le chemin de l'enfer éternel ;
Plongez au plus profond du gouffre où tous les crimes,
Flagellés par un vent qui ne vient pas du ciel,

Bouillonnent pêle-mêle avec un bruit d'orage ;
90 Ombres folles, courez au but de vos désirs ;
Jamais vous ne pourrez assouvir votre rage,
Et votre châtiment naîtra de vos plaisirs.

Jamais un rayon frais n'éclaira vos cavernes ;
Par les fentes des murs des miasmes[1] fiévreux
95 Filent en s'enflammant ainsi que des lanternes
Et pénètrent vos corps de leurs parfums affreux.

L'âpre stérilité de votre jouissance
Altère votre soif et roidit[2] votre peau,
Et le vent furibond de la concupiscence[3]
100 Fait claquer votre chair ainsi qu'un vieux drapeau.

Loin des peuples vivants, errantes, condamnées,
À travers les déserts courez comme les loups ;
Faites votre destin, âmes désordonnées,
Et fuyez l'infini que vous portez en vous !

notes ....

1. miasmes : émanations
infectieuses propageant
des épidémies mortelles.

2. roidit : forme ancienne
pour raidit.

3. concupiscence : terme
théologique pour convoitise,
désir (particulièrement celui
du plaisir sensuel).

LXXXII. FEMMES DAMNÉES

Comme un bétail pensif sur le sable couchées,
Elles tournent leurs yeux vers l'horizon des mers,
Et leurs pieds se cherchant et leurs mains rapprochées
Ont de douces langueurs et des frissons amers :

5   Les unes, cœurs épris des longues confidences,
Dans le fond des bosquets où jasent les ruisseaux,
Vont épelant l'amour des craintives enfances
Et creusent le bois vert des jeunes arbrisseaux ;

D'autres, comme des sœurs, marchent lentes et graves
10 À travers les rochers pleins d'apparitions,
Où saint Antoine[1] a vu surgir comme des laves
Les seins nus et pourprés de ses tentations ;

Il en est, aux lueurs des résines croulantes[2],
Qui dans le creux muet des vieux antres[3] païens
15 T'appellent au secours de leurs fièvres hurlantes,
Ô Bacchus[4], endormeur des remords anciens !

Et d'autres, dont la gorge aime les scapulaires[5],
Qui, recélant[6] un fouet sous leurs longs vêtements,
Mêlent dans le bois sombre et les nuits solitaires
20 L'écume du plaisir aux larmes des tourments.

notes

1. saint Antoine : ermite chrétien (251-356), fondateur de monastères en Égypte. Il est surtout célèbre pour les tentations et visions démoniaques qui l'assaillirent dans le désert.

2. résines croulantes : désigne par synecdoque les flambeaux qui finissent de se consumer.

3. antres : cavités, grottes, cavernes.

4. Bacchus : dieu du vin et de l'ivresse chez les Romains.

5. scapulaires : vêtements religieux formés de deux morceaux d'étoffe reliés entre eux et portés de part et d'autre de la nuque.

6. recélant : cachant, tenant secret.

Ô vierges, ô démons, ô monstres, ô martyres,
De la réalité grands esprits contempteurs[1],
Chercheuses d'infini, dévotes et satyres[2],
Tantôt pleines de cris, tantôt pleines de pleurs,

25 Vous que dans votre enfer mon âme a poursuivies,
Pauvres sœurs, je vous aime autant que je vous plains,
Pour vos mornes[3] douleurs, vos soifs inassouvies,
Et les urnes[4] d'amour dont vos grands cœurs sont pleins !

LXXXIII. LES DEUX BONNES SŒURS

La Débauche et la Mort sont deux aimables filles,
Prodigues[1] de baisers, robustes de santé,
Dont le flanc toujours vierge et drapé de guenilles[2]
Sous l'éternel labeur n'a jamais enfanté.

5   Au poète sinistre, ennemi des familles,
Favori de l'enfer, courtisan mal renté[3],
Tombeaux et lupanars[4] montrent sous leurs charmilles[5]
Un lit que le remords n'a jamais fréquenté.

Et la bière et l'alcôve[6] en blasphèmes fécondes
10   Nous offrent tour à tour, comme deux bonnes sœurs,
De terribles plaisirs et d'affreuses douceurs.

Quand veux-tu m'enterrer, Débauche aux bras immondes ?
Ô Mort, quand viendras-tu, sa rivale en attraits,
Sur ses myrtes[7] infects enter[8] tes noirs cyprès[9] ?

---

notes

1. prodigues : généreuses.

2. guenilles : haillons, vêtements en lambeaux.

3. mal renté : ne profitant pas d'une bonne rente, d'un bon revenu.

4. lupanars : maisons closes où se pratique la prostitution.

5. charmilles : allées plantées bordées de charmes (arbres de petite taille à bois blanc).

6. alcôve : lit ou chambre à coucher (le mot a une forte connotation érotique).

7. myrtes : arbres consacrés à Vénus (la déesse de l'amour) chez les romains.

8. enter : greffer.

9. cyprès : arbre associé à l'idée de la mort, il orne les cimetières.

LXXXIV. LA FONTAINE DE SANG

Il me semble parfois que mon sang coule à flots,
Ainsi qu'une fontaine aux rythmiques sanglots.
Je l'entends bien qui coule avec un long murmure,
Mais je me tâte en vain pour trouver la blessure.

5   À travers la cité, comme dans un champ clos,
Il s'en va, transformant les pavés en îlots,
Désaltérant la soif de chaque créature,
Et partout colorant en rouge la nature.

J'ai demandé souvent à des vins captieux[1]
10   D'endormir pour un jour la terreur qui me mine[2] ;
Le vin rend l'œil plus clair et l'oreille plus fine !

J'ai cherché dans l'amour un sommeil oublieux[3],
Mais l'amour n'est pour moi qu'un matelas d'aiguilles
Fait pour donner à boire à ces cruelles filles !

notes ⸻⸻⸻⸻⸻⸻⸻⸻⸻⸻⸻⸻⸻⸻⸻⸻

1. captieux : qui induisent en erreur d'une façon insidieuse.

2. mine : sape, use.
3. oublieux : qui fait oublier.

LXXXV. ALLÉGORIE

C'est une femme belle et de riche encolure[1],
Qui laisse dans son vin traîner sa chevelure.
Les griffes de l'amour, les poisons du tripot[2],
Tout glisse et tout s'émousse au granit de sa peau.
5   Elle rit à la mort et nargue la débauche[3],
Ces monstres dont la main, qui toujours gratte et fauche,
Dans ses jeux destructeurs a pourtant respecté
De ce corps ferme et droit la rude majesté.
Elle marche en déesse et repose en sultane ;
10 Elle a dans le plaisir la foi mahométane[4],
Et dans ses bras ouverts, que remplissent ses seins,
Elle appelle des yeux la race des humains.
Elle croit, elle sait, cette vierge inféconde
Et pourtant nécessaire à la marche du monde,
15 Que la beauté du corps est un sublime don
Qui de toute infamie arrache le pardon.
Elle ignore l'enfer comme le purgatoire[5],
Et, quand l'heure viendra d'entrer dans la Nuit noire,
Elle regardera la face de la Mort,
20 Ainsi qu'un nouveau-né, – sans haine et sans remord[6].

---

notes

1. encolure : l'emploi de ce mot pose un problème d'interprétation. Il désigne, certes, le cou d'un animal, mais il a le sens de « tournure », « allure », « apparence » quand il s'applique à un être humain.

2. tripot : maison de jeu (connotation péjorative).

3. Vers 5, variante de 1861 : « *Elle rit à la Mort et nargue la Débauche,* ».

4. mahométane : musulmane.

5. Vers 17, variante de 1861 : « *Elle ignore l'Enfer comme le Purgatoire,* ».

6. remord : « *remords* » en 1861.

LXXXVI. LA BÉATRICE[1]

Dans des terrains cendreux, calcinés, sans verdure,
Comme je me plaignais un jour à la nature,
Et que de ma pensée, en vaguant[2] au hasard,
J'aiguisais lentement sur mon cœur le poignard,
5 Je vis en plein midi descendre sur ma tête
Un nuage funèbre et gros d'une tempête,
Qui portait un troupeau de démons vicieux,
Semblables à des nains cruels et curieux.
À me considérer froidement ils se mirent,
10 Et, comme des passants sur un fou qu'ils admirent,
Je les entendis rire et chuchoter entre eux,
En échangeant maint signe et maint clignement d'yeux :

– « Contemplons à loisir cette caricature
Et cette ombre d'Hamlet[3] imitant sa posture,
15 Le regard indécis et les cheveux au vent.
N'est-ce pas grand'pitié[4] de voir ce bon vivant,
Ce gueux[5], cet histrion[6] en vacances, ce drôle[7],
Parce qu'il sait jouer artistement son rôle,
Vouloir intéresser au chant de ses douleurs
20 Les aigles, les grillons, les ruisseaux et les fleurs,
Et même à nous, auteurs de ces vieilles rubriques[8],
Réciter en hurlant ses tirades publiques ? »

notes

1. Béatrice : allusion à la femme aimée du poète italien Dante (1265-1321), qu'il assimilait à une muse inspiratrice.

2. en vaguant : en errant.

3. Hamlet : héros éponyme de la pièce du dramaturge anglais Shakespeare (1564-1616). Héros tragique de l'hésitation et de l'incertitude, il n'arrive pas à se décider à venger son père et à tuer son oncle.

4. grand'pitié : « grand-pitié » (édition de 1861).

5. gueux : misérable.

6. histrion : comédien médiocre, caricatural et grossier.

7. drôle : coquin.

8. rubriques : initialement, recueils de lois, puis de règles liturgiques, avant de devenir synonyme de règles, pratiques, coutumes pour signifier même ruses, finesses.

J'aurais pu – mon orgueil aussi haut que les monts
Recevrait sans bouger le choc de cent démons ! –
25 Détourner froidement ma tête souveraine[1],
Si je n'eusse pas vu parmi leur troupe obscène,
– Crime qui n'a pas fait chanceler le soleil ! –
La reine de mon cœur au regard nonpareil[2],
Qui riait avec eux de ma sombre détresse
30 Et leur versait parfois quelque sale caresse.

Hamlet et Horatio au cimetière
(Shakespeare, *Hamlet*, acte V),
peinture d'Eugène Delacroix (1839).

notes

1. Vers 23-25, variante de 1861 : « *J'aurais pu (mon orgueil aussi haut que les monts / Domine la nuée et le cri des démons) / Détourner simplement ma tête souveraine,* ».

2. nonpareil : sans pareil, sans équivalent.

LXXXVII. LES MÉTAMORPHOSES DU VAMPIRE[1]

La femme cependant de sa bouche de fraise,
En se tordant ainsi qu'un serpent sur la braise,
Et pétrissant ses seins sur le fer de son busc[2],
Laissait couler ces mots tout imprégnés de musc[3] :
5   — « Moi, j'ai la lèvre humide, et je sais la science
De perdre au fond d'un lit l'antique conscience.
Je sèche tous les pleurs sur mes seins triomphants
Et fais rire les vieux du rire des enfants.
Je remplace, pour qui me voit nue et sans voiles,
10   La lune, le soleil, le ciel et les étoiles !
Je suis, mon cher savant, si docte[4] aux voluptés,
Lorsque j'étouffe un homme en mes bras veloutés,
Ou lorsque j'abandonne aux morsures mon buste,
Timide et libertine, et fragile et robuste,
15   Que sur ces matelas qui se pâment d'émoi[5]
Les anges impuissants se damneraient pour moi ! »

Quand elle eut de mes os sucé toute la moelle,
Et que languissamment[6] je me tournai vers elle
Pour lui rendre un baiser d'amour, je ne vis plus
20   Qu'une outre[7] aux flancs gluants, toute pleine de pus !

notes

1. Pièce condamnée par le tribunal correctionnel le 21 août 1857. Le manuscrit portait comme titre « L'outre de la volupté ».

2. busc : armature métallique soutenant le corset, le corsage.

3. musc : substance ayant la consistance du miel sécrétée par les glandes abdominales d'un cervidé asiatique. Le parfum qui en est tiré est très épicé.

4. docte : savant.

5. se pâment d'émoi : tombent en extase (se pâment) à la suite d'une émotion forte (émoi).

6. languissamment : avec fatigue, lenteur, difficulté.

7. outre : grosse poche en peau de bête contenant des substances liquides (eau, vin, etc.).

Je fermai les deux yeux, dans ma froide épouvante,
Et quand je les rouvris à la clarté vivante,
À mes côtés, au lieu du mannequin[1] puissant
Qui semblait avoir fait provision de sang,
25   Tremblaient confusément des débris de squelette,
Qui d'eux-mêmes rendaient le cri d'une girouette
Ou d'une enseigne, au bout d'une tringle de fer,
Que balance le vent pendant les nuits d'hiver.

note ....

1. mannequin : statue
articulée que les peintres
utilisent comme modèle.

LXXXVIII. UN VOYAGE À CYTHÈRE[1]

Mon cœur se balançait comme un ange joyeux[2]
Et planait librement à l'entour des cordages ;
Le navire roulait sous un ciel sans nuages,
Comme un ange enivré d'un soleil radieux.

5 Quelle est cette île triste et noire ? – C'est Cythère,
Nous dit-on, un pays fameux dans les chansons,
Eldorado[3] banal de tous les vieux garçons.
Regardez, après tout, c'est une pauvre terre.

  – Île des doux secrets et des fêtes du cœur !
10 De l'antique Vénus le superbe fantôme
Au-dessus de tes mers plane comme un arôme,
Et charge les esprits d'amour et de langueur[4].

Belle île aux myrtes[5] verts, pleine de fleurs écloses,
Vénérée à jamais par toute nation.
15 Où les soupirs des cœurs en adoration
Roulent comme l'encens[6] sur un jardin de roses

notes

1. Poème publié dans la *Revue des Deux Mondes* le 1er juin 1855. Cythère est l'île natale d'Aphrodite (Vénus), elle est donc symboliquement vouée et consacrée à l'amour et célébrée en tant que telle. Ce poème est, de l'aveu même de Baudelaire, inspiré par le chapitre portant sur Cérigo (Cythère) dans le *Voyage en Orient* de Nerval, publié en 1851. Il y montre la décadence de cette île qui n'est plus que l'ombre d'elle-même, l'amour ayant été chassé par la mort avec l'invasion anglaise (Nerval y décrit en effet un gibet).

2. Vers 1, variante de 1861 : « *Mon cœur, comme un oiseau, voltigeait tout joyeux* ».

3. Eldorado : en espagnol, « *le (pays) doré* », lieu mythique d'Amérique du Sud où les explorateurs espagnols et portugais crurent pouvoir trouver de l'or à l'infini.

4. langueur : attitude nonchalante et lascive, comparable à l'effet du sommeil ou de la maladie.

5. myrtes : arbres méditerranéens consacrés à Vénus chez les Romains.

6. encens : substance résineuse qui, une fois brûlée, dégage une odeur forte et chaude. Parfum à forte connotation spirituelle puisqu'il est souvent répandu lors de cérémonies religieuses grâce à un encensoir en signe de purification, de vénération (vers 14) et d'adoration (vers 15).

Ou le roucoulement éternel d'un ramier[1] !
– Cythère n'était plus qu'un terrain des plus maigres,
Un désert rocailleux troublé par des cris aigres.
20 J'entrevoyais pourtant un objet singulier :

Ce n'était pas un temple aux ombres bocagères[2],
Où la jeune prêtresse, amoureuse des fleurs,
Allait, le corps brûlé de secrètes chaleurs,
Entre-bâillant sa robe aux brises passagères ;

25 Mais voilà qu'en rasant la côte d'assez près
Pour troubler les oiseaux avec nos voiles blanches
Nous vîmes que c'était un gibet[3] à trois branches,
Du ciel se détachant en noir, comme un cyprès[4].

De féroces oiseaux perchés sur leur pâture
30 Détruisaient avec rage un pendu déjà mûr,
Chacun plantant, comme un outil, son bec impur
Dans tous les coins saignants de cette pourriture ;

Les yeux étaient deux trous, et du ventre effondré
Les intestins pesants lui coulaient sur les cuisses,
35 Et ses bourreaux gorgés de hideuses délices[5]
L'avaient à coups de bec absolument châtré[6].

---

notes

1. ramier : pigeon sauvage.

2. ombres bocagères : ombres créées par un bocage, c'est-à-dire un bosquet boisé ou un talus planté d'arbres.

3. gibet : potence construite en bois pour les condamnés au supplice de la pendaison.

4. cyprès : arbre méditerranéen associé à l'idée de la mort car il orne les cimetières.

5. délices : le mot est masculin au singulier et féminin au pluriel.

6. châtré : émasculé, castré.

Sous les pieds, un troupeau de jaloux quadrupèdes,
Le museau relevé, tournoyait et rôdait ;
Une plus grande bête au milieu s'agitait
40   Comme un exécuteur entouré de ses aides.

Habitant de Cythère, enfant d'un ciel si beau,
Silencieusement tu souffrais ces insultes
En expiation[1] de tes infâmes cultes
Et des péchés qui t'ont interdit le tombeau.

45   Ridicule pendu, tes douleurs sont les miennes !
Je sentis à l'aspect de tes membres flottants,
Comme un vomissement, remonter vers mes dents
Le long fleuve de fiel[2] des douleurs anciennes ;

Devant toi, pauvre diable au souvenir si cher,
50   J'ai senti tous les becs et toutes les mâchoires
Des corbeaux lancinants[3] et des panthères noires
Qui jadis aimaient tant à triturer ma chair.

– Le ciel était charmant, la mer était unie ;
Pour moi tout était noir et sanglant désormais,
55   Hélas ! et j'avais, comme en un suaire[4] épais,
Le cœur enseveli dans cette allégorie.

Dans ton île, ô Vénus[5], je n'ai trouvé debout
Qu'un gibet symbolique où pendait mon image.
– Ah ! Seigneur ! donnez-moi la force et le courage
60   De contempler mon cœur et mon corps sans dégoût !

notes ⌁⌁

1. expiation : condamnation reçue pour racheter une faute.
2. fiel : au sens propre, bile ; au sens figuré, amertume.

3. lancinants : au sens propre, caractérise une douleur forte et récurrente ; au sens figuré, obsédants.

4. suaire : drap blanc ou linceul dans lequel on enveloppe les morts.
5. Vénus : déesse latine de l'amour.

LXXXIX. L'AMOUR ET LE CRÂNE[1]

VIEUX CUL-DE-LAMPE

L'Amour[2] est assis sur le crâne
    De l'Humanité,
Et sur ce trône le profane[3],
    Au rire effronté,

5 Souffle gaîment des bulles rondes
    Qui montent dans l'air,
Comme pour rejoindre les mondes
    Au fond de l'éther[4].

Le globe lumineux et frêle
10   Prend un grand essor,
Crève et crache son âme grêle
    Comme un songe d'or.

J'entends le crâne à chaque bulle
    Prier et gémir :
15 − « Ce jeu féroce et ridicule,
    Quand doit-il finir ?

Car ce que ta bouche cruelle
    Éparpille en l'air,
Monstre assassin, c'est ma cervelle,
20   Mon sang et ma chair ! »

notes ....

1. Poème publié en revue le 1er juin 1855. Le titre et le sous-titre (un cul-de-lampe est une vignette gravée placée à la fin d'un chapitre) font référence à la gravure de Hendrick Goltzius (1558-1616).

2. L'Amour : désigne en peinture une représentation de Cupidon ou Amour, mais aussi d'un *putto* (petit ange ou bambin joufflu). On peut aussi interpréter ce poème comme une allégorie*.

3. profane : étranger à la religion, contraire au sacré.
4. éther : dans la mythologie antique, espace céleste et liquide où règnent les dieux.

*: Cf. Glossaire

Charles Baudelaire, 1855

Révolte

Parmi les morceaux suivants, le plus caractérisé[1] a déjà paru dans un des principaux recueils littéraires de Paris, où il n'a été considéré, du moins par les gens d'esprit, que pour ce qu'il est véritablement : le pastiche[2] des raisonnements de l'ignorance et de la fureur. Fidèle à son douloureux programme, l'auteur des *Fleurs du Mal* a dû, en parfait comédien, façonner son esprit à tous les sophismes[3] comme à toutes les corruptions. Cette déclaration candide[4] n'empêchera pas sans doute les critiques honnêtes de le ranger parmi les théologiens[5] de la populace et de l'accuser d'avoir regretté pour notre Sauveur Jésus-Christ, pour la Victime

notes

1. Il s'agit du « Reniement de saint Pierre ».

2. pastiche : imitation ironique* et caricaturale, à but satirique*.

3. sophismes : raisonnements faux se donnant les apparences de la vérité.

4. candide : naïf, innocent.

5. théologiens : spécialistes des grandes questions et des grands problèmes que pose une religion ; « *théologiens de la populace* » pourrait désigner de manière péjorative les démocrates.

*: *Cf.* Glossaire

éternelle et volontaire, le rôle d'un conquérant, d'un Attila[1]
égalitaire et dévastateur. Plus d'un adressera sans doute au ciel les
actions de grâces habituelles du Pharisien[2] : « Merci, mon
15   Dieu, qui n'avez pas permis que je fusse semblable à ce poète
infâme ! »[3]

1. Attila : roi des Huns entre
434 et 453. Il est connu pour
avoir dévasté l'Europe
centrale et occidentale.

2. Pharisien : il incarne, dans
les Évangiles, le type même
du croyant bien-pensant,
hypocrite et méprisant.
Par extension désigne
au XIXe siècle le bourgeois
conservateur, borné et sûr
de lui.

3. Cette note insérée par
Baudelaire juste avant la
parution de l'édition de
1857 avait pour but d'éviter
une condamnation
judiciaire. « Le reniement de
saint Pierre » avait en effet
failli être condamné lors
de sa parution en revue en
1852. Cette notre disparaîtra
donc logiquement de
l'édition de 1861.

XC. LE RENIEMENT DE SAINT PIERRE[1]

Qu'est-ce que Dieu fait donc de ce flot d'anathèmes[2]
Qui monte tous les jours vers ses chers Séraphins[3] ?
Comme un tyran gorgé de viandes et de vins,
Il s'endort aux doux bruit de nos affreux blasphèmes.

5   Les sanglots des martyrs et des suppliciés
Sont une symphonie enivrante sans doute,
Puisque, malgré le sang que leur volupté coûte,
Les Cieux ne s'en sont point encor rassasiés[4].

– Ah ! Jésus ! souviens-toi du Jardin des Olives[5] !
10   Dans ta simplicité tu priais à genoux
Celui qui dans son ciel riait au bruit des clous
Que d'ignobles bourreaux plantaient dans tes chairs vives[6],

Lorsque tu vis cracher sur ta divinité
La crapule du corps-de-garde[7] et des cuisines,
15   Et lorsque tu sentis s'enfoncer les épines[8]
Dans ton crâne où vivait l'immense Humanité ;

notes

1. Le titre fait allusion à l'épisode des Évangiles dans lequel Pierre nia par trois fois connaître Jésus au moment où celui-ci fut arrêté.

2. anathèmes : au sens propre, malédictions, excommunications religieuses ; par extension, condamnations morales, critiques violentes et polémiques.

3. Séraphins : les Séraphins constituent la classe la plus élevée parmi les anges.

4. rassasiés : au sens propre, repus, satisfaits par un repas ; par extension, comblés par l'assouvissement d'un désir ou d'un besoin.

5. Jardin des Olives : l'expression fait référence au jardin situé sur le Mont des Oliviers, à Jérusalem, où Jésus, arrêté, passa sa dernière nuit dans l'angoisse de la mort et dans le sentiment d'être abandonné de Dieu, son père.

6. Les vers 11 et 12 font allusion au supplice de la croix, la crucifixion de Jésus-Christ.

7. corps-de-garde : « *corps de garde* » (édition de 1861). L'expression désigne les militaires chargés de la garde du condamné, en l'occurrence, le Christ.

8. Le vers fait allusion à la couronne d'épines que l'on enfonça sur la tête du Christ en le consacrant ironiquement « *roi des juifs* » (Évangile selon saint Jean, XIX, 1-5).

Quand de ton corps brisé la pesanteur horrible
Allongeait tes deux bras distendus, que ton sang
Et ta sueur coulaient de ton front pâlissant,
20   Quand tu fus devant tous posé comme une cible[1],

Rêvais-tu de ces jours si brillants et si beaux
Où tu vins pour remplir l'éternelle promesse[2],
Où tu foulais, monté sur une douce ânesse,
Des chemins tout jonchés de fleurs et de rameaux[3],

25   Où, le cœur tout gonflé d'espoir et de vaillance,
Tu fouettais tous ces vils marchands à tour de bras[4],
Où tu fus maître enfin ? Le remords n'a-t-il pas
Pénétré dans ton flanc plus avant que la lance ?

    – Certes, je sortirai, quant à moi, satisfait
30   D'un monde où l'action n'est pas la sœur du rêve ;
Puissé-je user du glaive et périr par le glaive[5] !
– Saint Pierre a renié Jésus… il a bien fait !

notes

1. Allusion à la crucifixion et à la mise à mort du Christ par une lance enfoncée dans le flanc gauche.
2. éternelle promesse : allusion à la promesse divine d'envoyer aux juifs un sauveur, le Messie.

3. rameaux : allusion à l'accueil triomphal réservé à Jésus lors de son entrée à Jérusalem, une semaine avant sa mort. Cet épisode est commémoré par les chrétiens lors du dimanche dit « des Rameaux », le 24 mars.

4. À Jérusalem, Jésus chassa du Temple les marchands qui commerçaient dans l'enceinte sacrée.
5. Jésus prêchait la non-violence et condamnait l'engrenage de la violence aveugle, notamment en disant « *qui a vécu par le glaive périra par le glaive* » au moment de son arrestation.

XCI. ABEL ET CAÏN[1]

Race d'Abel, dors, bois et mange :
Dieu te sourit complaisamment,

Race de Caïn, dans la fange[2]
Rampe et meurs misérablement.

5   Race d'Abel, ton sacrifice
Flatte le nez du Séraphin[3] !

Race de Caïn, ton supplice
Aura-t-il jamais une fin ?

Race d'Abel, vois tes semailles
10   Et ton bétail venir à bien ;

Race de Caïn, tes entrailles
Hurlent la faim comme un vieux chien.

Race d'Abel, chauffe ton ventre
À ton foyer patriarcal ;

15   Race de Caïn, dans ton antre
Tremble de froid, pauvre chacal !

notes

1. Dans l'édition de 1861, le poème sera découpé en deux parties numérotées I et II. La première partie regroupe les douze premiers distiques* et la seconde les quatre derniers. Le titre du poème fait référence à un épisode de la Bible (Genèse, IV). Caïn est l'aîné et Abel le cadet des enfants d'Adam et Ève, le premier est agriculteur et le second éleveur. Dieu préféra les offrandes d'Abel à celles de Caïn, qui, jaloux, tua alors son frère. Dieu maudit Caïn et sa descendance, tout en les protégeant par une marque sur le front. Caïn devint alors un vagabond.

2. fange : désigne péjorativement la boue. Le terme prend aussi le sens figuré de lieu misérable.

3. Séraphin : les Séraphins constituent la classe la plus élevée parmi les anges.

*: *Cf.* Glossaire

Race d'Abel, sans peur pullule :
L'argent fait aussi ses petits[1] ;

Race de Caïn, cœur qui brûle,
20 Éteins ces cruels appétits.

Race d'Abel, tu croîs et broutes
Comme les punaises des bois !

Race de Caïn, sur les routes
Traîne ta famille aux abois.

25 — Ah ! race d'Abel, ta charogne
Engraissera le sol fumant !

Race de Caïn, ta besogne
N'est pas faite suffisamment ;

Race d'Abel, voici ta honte :
30 Le fer est vaincu par l'épieu[2] !

Race de Caïn, au ciel monte,
Et sur la terre jette Dieu !

notes ....

1. Vers 17-18, variante de 1861 : « *Race d'Abel, aime et pullule ! / Ton or fait aussi des petits.* »

2. Ce vers montre la victoire annoncée et désirée par Baudelaire de « *l'épieu* » du chasseur vagabond (le prolétaire) sur le « *fer* » de la charrue du laboureur (le propriétaire).

XCII. LES LITANIES DE SATAN[1]

Ô toi, le plus savant et le plus beau des Anges,
Dieu trahi par le sort et privé de louanges,

Ô Satan, prends pitié de ma longue misère[2] !

Ô Prince de l'exil, à qui l'on a fait tort,
5   Et qui, vaincu, toujours te redresses plus fort,

Ô Satan, prends pitié de ma longue misère !

Toi qui sais tout, grand roi des choses souterraines,
Aimable médecin des angoisses humaines[3],

Ô Satan, prends pitié de ma longue misère !

10   Qui, même aux parias[4], ces animaux maudits[5],
Enseignes par l'amour le goût du Paradis,

Ô Satan, prends pitié de ma longue misère !

Ô toi, qui de la Mort, ta vieille et forte amante,
Engendras l'Espérance, – une folle charmante !

15   Ô Satan, prends pitié de ma longue misère !

notes ....

1. Une litanie est une prière liturgique où les invocations à Dieu sont suivies d'une formule répétitive et brève (une sorte de refrain) récitée ou chantée par l'assemblée des fidèles. Le titre se comprend donc comme une inversion satanique de la liturgie chrétienne.

2. Cette litanie est une inversion de certaines prières chrétiennes (« *Ayez pitié de nous, pauvres pécheurs* » dans le « Notre Père » et « *Agneau de Dieu qui porte les péchés du monde, prends pitié de nous* » dans l'*Agnus Dei*).

3. Vers 8, variante de 1861 : « *Guérisseur familier des angoisses humaines,* ».

4. parias : individus rejetés, exclus de la société.

5. Vers 10, variante de 1861 : « *Toi qui, même aux lépreux, aux parias maudits,* ».

Toi qui peux octroyer ce regard calme et haut[1]
Qui damne tout un peuple autour d'un échafaud,

Ô Satan, prends pitié de ma longue misère !

Toi qui sais en quels coins des terres envieuses
20   Le Dieu jaloux cacha les pierres précieuses,

Ô Satan, prends pitié de ma longue misère !

Toi dont l'œil clair connaît les secrets arsenaux[2]
Où dort enseveli le peuple des métaux,

Ô Satan, prends pitié de ma longue misère !

25   Toi dont la large main cache les précipices
Au somnambule errant au bord des édifices,

Ô Satan, prends pitié de ma longue misère !

Toi qui frottes de baume et d'huile les vieux os[3]
De l'ivrogne attardé foulé par les chevaux,

30   Ô Satan, prends pitié de ma longue misère !

Toi qui, pour consoler l'homme frêle qui souffre,
Nous appris à mêler le salpêtre et le soufre[4],
Ô Satan, prends pitié de ma longue misère !

notes ....

1. **Vers 16, variante de 1861 :**
« *Toi qui fais au proscrit
ce regard calme et haut* ».

2. **arsenaux :** entrepôts
et réserves d'armes
et de munitions.

3. **Vers 28, variante de 1861 :**
« *Toi qui, magiquement,
assouplis les vieux os* ».

4. **mêler le salpêtre et
le soufre :** fabriquer de
la poudre.

Toi qui mets ton paraphe, ô complice subtil,
35   Sur le front du banquier impitoyable et vil[1],

Ô Satan, prends pitié de ma longue misère !

Toi qui mets dans les yeux et dans le cœur des filles
Le culte de la plaie et l'amour des guenilles !

Ô Satan, prends pitié de ma longue misère !

40   Bâton des exilés, lampe des inventeurs,
Confesseur des pendus et des conspirateurs,

Ô Satan, prends pitié de ma longue misère !

Père adoptif de ceux qu'en sa noire colère
Du paradis terrestre a chassés Dieu le Père,

45   Ô Satan, prends pitié de ma longue misère !

Gloire et louange à toi, Satan, dans les hauteurs[2]
Du Ciel, où tu régnas, et dans les profondeurs
De l'Enfer où, fécond, tu couves le silence !
Fais que mon âme un jour, sous l'Arbre de Science[3],
50   Près de toi se repose, à l'heure où sur ton front
Comme un Temple nouveau ses rameaux s'épandront !

notes ⋯⋯⋯⋯⋯⋯⋯⋯⋯⋯⋯⋯⋯⋯⋯⋯⋯⋯⋯⋯⋯⋯⋯⋯⋯⋯

1. Vers 34-35, variante de 1861 : « *Toi qui poses ta marque, ô complice subtil, / Sur le front du Crésus impitoyable et vil,* ».

2. Dans l'édition de 1861, ce sizain* est précédé de la mention « *PRIÈRE* ».

3. Arbre de Science : arbre de la connaissance du Bien et du Mal dont Dieu avait interdit à Adam et Ève de consommer les fruits. Sous la forme du serpent, le Diable les invite à en manger malgré l'interdit divin, faute qui provoque leur exclusion du Paradis.

*: *Cf. Glossaire*

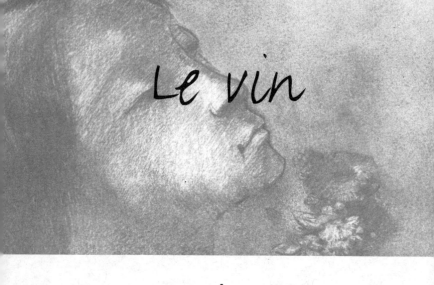

Le vin

XCIII. L'ÂME DU VIN[1]

Un soir, l'âme du vin chantait dans les bouteilles :
– « Homme, vers toi je pousse, ô cher déshérité,
Sous ma prison de verre et mes cires[2] vermeilles,
Un chant plein de lumière et de fraternité !

5   Je sais combien il faut, sur la colline en flamme,
De peine, de sueur et de soleil cuisant
Pour engendrer ma vie et pour me donner l'âme ;
Mais je ne serai point ingrat ni malfaisant,

notes ....

1. Poème publié en revue
en juin 1850 sous le titre
« Le vin des honnêtes
gens ».

2. cires : par synecdoque,
les cachets de cire rouge
qui recouvrent les bouchons
de liège des bouteilles
de vin.

Car j'éprouve une joie immense quand je tombe
10   Dans le gosier d'un homme usé par ses travaux,
Et sa chaude poitrine est une douce tombe
Où je me plais bien mieux que dans mes froids caveaux.

Entends-tu retentir les refrains des dimanches
Et l'espoir qui gazouille en mon sein palpitant ?
15   Les coudes sur la table et retroussant tes manches,
Tu me glorifieras et tu seras content :

J'allumerai les yeux de ta femme ravie ;
À ton fils je rendrai sa force et ses couleurs
Et serai pour ce frêle athlète de la vie
20   L'huile qui raffermit les muscles des lutteurs.

En toi je tomberai, végétale ambroisie[1],
Grain précieux jeté par l'éternel Semeur,
Pour que de notre amour naisse la poésie
Qui jaillira vers Dieu comme une rare fleur ! »

note ....

1. ambroisie : nourriture
des dieux dans la
mythologie grecque.

XCIV. LE VIN DES CHIFFONNIERS[1]

Souvent, à la clarté rouge d'un réverbère
Dont le vent bat la flamme et tourmente le verre,
Au cœur d'un vieux faubourg, labyrinthe fangeux[2],
Où l'humanité grouille en ferments[3] orageux,

5   On voit un chiffonnier qui vient, hochant la tête,
Butant, et se cognant aux murs comme un poète,
Et, sans prendre souci des mouchards[4], ses sujets[5],
Épanche tout son cœur en glorieux projets.

Il prête des serments, dicte des lois sublimes,
10   Terrasse les méchants, relève les victimes,
Et sous le firmament[6] comme un dais[7] suspendu
S'enivre des splendeurs de sa propre vertu.

Oui, ces gens harcelés de chagrins de ménage,
Moulus par le travail et tourmentés par l'âge,
15   Le dos martyrisé sous de hideux débris,
Trouble vomissement du fastueux Paris[8],

Reviennent, parfumés d'une odeur de futailles[9],
Suivis de compagnons blanchis dans les batailles,
Dont la moustache pend comme les vieux drapeaux ;
20   Les bannières, les fleurs et les arcs triomphaux

notes

1. Poème publié en revue le 15 novembre 1854.
2. **fangeux** : boueux.
3. **ferments** : germes.
4. **mouchards** : indicateurs de la police.
5. **sujets** : personnes soumises à l'autorité souveraine d'un État.

6. **firmament** : expression religieuse pour désigner le ciel, la voûte céleste.
7. **dais** : ensemble de bois et de toile qui surmonte un trône ou un autel pour les protéger.

8. **Vers 15-16, variante de 1861** : « *Ereintés et pliant sous un tas de débris, / vomissement confus de l'énorme Paris,* ».
9. **futailles** : fûts, tonneaux ou barriques contenant du vin.

Se dressent devant eux, solennelle magie !
Et dans l'étourdissante et lumineuse orgie
Des clairons, du soleil, des cris et du tambour,
Ils apportent la gloire au peuple ivre d'amour !

25 C'est ainsi qu'à travers l'Humanité frivole
Le vin roule de l'or, éblouissant Pactole[1] ;
Par le gosier de l'homme il chante ses exploits
Et règne par ses dons ainsi que les vrais rois.

Pour noyer la rancœur et bercer l'indolence
30 De tous ces vieux maudits qui meurent en silence,
Dieu, saisi de remords, avait fait le sommeil[2] ;
L'Homme ajouta le Vin, fils sacré du Soleil !

---

notes ···

1. Pactole : fleuve de
l'ancienne Lydie (Asie
mineure) qui, selon la
mythologie grecque,
charriait des paillettes d'or.

2. Vers 31, variante de 1861 :
« *Dieu, touché de remords,
avait fait le sommeil ; »*.

XCV. LE VIN DE L'ASSASSIN[1]

Ma femme est morte, je suis libre !
Je puis donc boire tout mon saoul.
Lorsque je rentrais sans un sou,
Ses pleurs me déchiraient la fibre[2].

5   Autant qu'un roi je suis heureux ;
L'air est pur, le ciel admirable.
— Nous avions un été semblable
Lorsque j'en devins amoureux !

— L'horrible soif qui me déchire
10   Aurait besoin pour s'assouvir
D'autant de vin qu'en peut tenir
Son tombeau ; — ce n'est pas peu dire :

Je l'ai jetée au fond d'un puits,
Et j'ai même poussé sur elle
15   Tous les pavés de la margelle.
— Je l'oublierai si je le puis !

Au nom des serments de tendresse,
Dont rien ne peut nous délier,
Et pour nous réconcilier
20   Comme au beau temps de notre ivresse,

notes

1. Poème publié en revue en novembre 1848.

2. **Vers 4, variante de 1861 :** « *Ses cris me déchiraient la fibre* ».

202

J'implorai d'elle un rendez-vous,
Le soir, sur une route obscure.
Elle y vint ! folle créature !
– Nous sommes tous plus ou moins fous !

25 Elle était encore jolie,
Quoique bien fatiguée ! et moi,
Je l'aimais trop ; voilà pourquoi
Je lui dis : sors de cette vie !

Nul ne peut me comprendre. Un seul
30 Parmi ces ivrognes stupides
Songea-t-il dans ses nuits turpides[1]
À faire du vin un linceul[2] ?

Cette crapule invulnérable
Comme les machines de fer
35 Jamais, ni l'été ni l'hiver,
N'a connu l'amour véritable,

Avec ses noirs enchantements,
Son cortège infernal d'alarmes,
Ses fioles de poison, ses larmes,
40 Ses bruits de chaîne et d'ossements !

---

notes

1. turpides : laides, honteuses. **Variante de 1861 :** « *Songea-t-il dans ses nuits morbides* ».

2. linceul : drap blanc, ou suaire, dans lequel on enveloppe les morts.

    – Me voilà libre et solitaire !
Je serai ce soir ivre-mort[1] ;
Alors, sans peur et sans remord[2],
Je me coucherai sur la terre.

45   Et je dormirai comme un chien !
Le chariot aux lourdes roues
Chargé de pierres et de boues,
Le vagon[3] enragé peut bien

Écraser ma tête coupable
50   Ou me couper par le milieu,
Je m'en moque comme de Dieu,
Du Diable ou de la Sainte Table[4] !

notes ··

1. **ivre-mort** : « *ivre mort* »
(édition de 1861).
2. **remord** : « *remords* »
(édition de 1861).
3. **vagon** : « *wagon* »
(édition de 1861).
4. **Sainte Table** : l'autel de la
communion selon la liturgie
chrétienne.

XCVI. LE VIN DU SOLITAIRE

Le regard singulier d'une femme galante
Qui se glisse vers nous comme le rayon blanc
Que la lune onduleuse envoie au lac tremblant,
Quand elle y veut baigner sa beauté nonchalante,

5   Le dernier sac d'écus dans les doigts d'un joueur,
Un baiser libertin de la maigre Adeline,
Les sons d'une musique énervante[1] et câline,
Semblable au cri lointain de l'humaine douleur,

Tout cela ne vaut pas, ô bouteille profonde,
10 Les baumes[2] pénétrants que ta panse[3] féconde
Garde au cœur altéré[4] du poète pieux[5] ;

Tu lui verses l'espoir, la jeunesse et la vie,
– Et l'orgueil, ce trésor de toute gueuserie[6],
Qui nous rend triomphants et semblables aux Dieux !

notes ··

1. énervante : au sens étymologique de amollissante, qui enlève les nerfs, la force.

2. baumes : préparations à base de résine odoriférante que l'on utilise comme calmants.

3. panse : partie renflée ou arrondie d'un objet, et spécialement, ici, de la bouteille de vin.

4. altéré : dégradé, détérioré.

5. pieux : religieux, qui respecte et vénère fidèlement sa divinité.

6. gueuserie : état et condition du gueux, du misérable, du mendiant.

XCVII. LE VIN DES AMANTS

Aujourd'hui l'espace est splendide !
Sans mors, sans éperons, sans bride,
Partons à cheval sur le vin
Pour un ciel féerique et divin !

5   Comme deux anges que torture
Une implacable calenture[1],
Dans le bleu cristal du matin
Suivons le mirage lointain !

Mollement balancés sur l'aile
10   Du tourbillon intelligent,
Dans un délire parallèle,

Ma sœur, côte à côte nageant,
Nous fuirons sans repos ni trêves
Vers le Paradis de mes rêves !

---

note ··

1. calenture : état de folie
délirante qui peut frapper
les marins naviguant dans
les régions tropicales.

XCVIII. LA MORT DES AMANTS[1]

Nous aurons des lits pleins d'odeurs légères,
Des divans profonds comme des tombeaux,
Et d'étranges fleurs sur des étagères,
Écloses pour nous sous des cieux plus beaux.

5   Usant à l'envi[2] leurs chaleurs dernières,
Nos deux cœurs seront deux vastes flambeaux,
Qui réfléchiront leurs doubles lumières
Dans nos deux esprits, ces miroirs jumeaux.

Un soir plein de rose et de bleu mystique,
10   Nous échangerons un éclair unique,
Comme un long sanglot, tout chargé d'adieux ;

notes ....

| **1.** Poème publié en revue | **2.** à l'envi : à qui mieux
le 9 avril 1851. | mieux, en rivalisant.

Et bientôt un Ange, entr'ouvrant les portes[1],
Viendra ranimer, fidèle et joyeux,
Les miroirs ternis et les flammes mortes.

Un homme et une femme contemplant la Lune,
peinture de Caspar David Friedrich (1824).

note ....

1. Vers 12, variante de 1861 :
« *Et plus tard un Ange,*
entrouvrant les portes, ».

XCIX. LA MORT DES PAUVRES

C'est la Mort qui console et la Mort qui fait vivre[1] ;
C'est le but de la vie, et c'est le seul espoir
Qui, divin élixir[2], nous monte[3] et nous enivre[4],
Et nous donne le cœur[5] de marcher jusqu'au soir ;

5   À travers la tempête, et la neige, et le givre,
C'est la clarté vibrante à notre horizon noir ;
C'est l'auberge fameuse inscrite sur le livre,
Où l'on pourra manger, et dormir et s'asseoir ;

C'est un Ange qui tient dans ses doigts magnétiques
10 Le sommeil et le don des rêves extatiques,
Et qui refait le lit des gens pauvres et nus ;

C'est la gloire des Dieux, c'est le grenier mystique,
C'est la bourse du pauvre et sa patrie antique,
C'est le portique ouvert sur les Cieux inconnus !

---

notes

1. Vers 1, variante de 1861 : « *C'est la mort qui console, hélas ! et qui fait vivre ; »*.

2. élixir : boisson médicamenteuse roborative et fortifiante.

3. monte : remonte.

4. Vers 3, variante de 1861 : « *Qui, comme un élixir, nous monte et nous enivre, »*.

5. cœur : courage.

C. LA MORT DES ARTISTES[1]

Combien faut-il de fois secouer mes grelots[2]
Et baiser ton front bas, morne caricature ?
Pour piquer dans le but, mystique quadrature[3],
Combien, ô mon carquois[4], perdre de javelots ?

5 Nous userons notre âme en de subtils complots,
Et nous démolirons mainte lourde armature[5],
Avant de contempler la grande Créature
Dont l'infernal désir nous remplit de sanglots !

Il en est qui jamais n'ont connu leur Idole,
10 Et ces sculpteurs damnés et marqués d'un affront,
Qui vont se martelant la poitrine et le front,

N'ont qu'un espoir, étrange et sombre Capitole[6] !
C'est que la Mort, planant comme un Soleil[7] nouveau,
Fera s'épanouir les fleurs de leur cerveau !

notes

1. Poème publié en revue le 9 avril 1851.

2. grelots : allusion au bonnet à clochettes et à la marotte garnie de grelots du bouffon, du fou du roi.

3. mystique quadrature : allusion au problème insoluble de la quadrature du cercle. **Variante de 1861 :** « *Pour piquer dans le but, de mystique nature,* ».

4. carquois : sacoche où sont placés les flèches, lances, javelots.

5. armature : charpente interne d'une sculpture, terme technique de l'art.

6. Capitole : une des plus célèbres des sept collines de Rome, elle était consacrée à la célébration des triomphes militaires des généraux.

7. Vers 13, variante de 1861 : « *soleil* ».

Test de première lecture

❶ En quoi le titre du recueil est-il scandaleux ?

❷ Combien y a-t-il de poèmes ?

❸ Quelles sont les cinq sections qui composent le recueil ?

❹ Avez-vous été sensible à une évolution, à une progression au cours de votre lecture, ou bien vous a-t-il semblé que les poèmes et les sections s'enchaînaient sans ordre ni cohérence ?

❺ À quoi sert le premier poème :

    a) À s'adresser au lecteur pour lui donner un avant-goût de l'œuvre ?

    b) À définir le titre du poème ?

    c) À expliquer le sens du symbole ?

    d) À permettre à Baudelaire de répondre à ses détracteurs ?

    e) Aucune de ces réponses.

❻ Parmi les suivants, quel thème est exploité par Baudelaire ?

    a) La patrie.

    b) L'engagement politique.

    c) L'homosexualité.

    d) Le spleen.

    e) Le sport.

❼ Parmi les suivantes, quelles sont les tonalités* privilégiées par l'œuvre ? Justifiez vos réponses.

    a) Comique.

    b) Didactique.

    c) Dramatique.

    d) Épique.

    e) Fantastique.

    f) Lyrique.

    g) Polémique.

    h) Tragique.

❽ En quoi le poème « Correspondances » peut-il contribuer à expliquer l'art du poète ?

* : Cf. Glossaire

9 En quoi les reproductions présentes dans le recueil en traduisent-elles l'esprit ?

10 Faites un portrait rapide d'un des types de femmes qui inspirent Baudelaire.

11 Quelle attitude générale devant la vie ce recueil semble-t-il traduire ?

    a) La joie de vivre.

    b) La sérénité.

    c) Le malaise existentiel.

    d) La nostalgie du passé.

    e) L'engagement social.

12 Quels sont les grands thèmes abordés dans le recueil ?

13 Quelle est la forme de poème privilégiée par Baudelaire ?

14 En quoi ce recueil vous paraît-il choquant ou provocateur ? Dans quels poèmes en particulier ? Justifiez vos réponses.

15 Que signifie et que représente le « Spleen » ?

16 Quels animaux apparaissent dans *Les Fleurs du mal* ? Lequel a la préférence du poète, et pourquoi ?

L'étude
de l'œuvre

Quelques notions de base

En préliminaire :
quelques renseignements sur le genre poétique

En poésie, le sens est suggéré par les images et par le rythme. Il faut donc être attentif aux aspects formels du poème (la forme, les strophes, les vers, la structure des vers, la disposition et la qualité des rimes) ainsi qu'aux images qu'il développe (les connotations, les figures de style). C'est en tenant compte de l'ensemble de ces éléments que le lecteur du poème pourra avoir accès au réseau du sens.

Notions relatives à la poésie au XIXe siècle

Dans un siècle qui valorise l'utile, la poésie est généralement perçue comme un luxe. D'ailleurs, nous rappelons qu'elle se vend très mal. Toutefois, chez les écrivains, ce genre littéraire est particulièrement valorisé. Il permet d'atteindre dans l'écriture un degré de qualité et de perfection qui va à l'encontre de la mentalité productiviste, qui préconise surtout la quantité. Les poètes symbolistes, surtout, accordent à la poésie un rôle presque mystique puisqu'ils prétendent non pas dépeindre le monde, mais le transformer par le langage. *Les Fleurs du mal* est un recueil de poésie fondateur d'un courant littéraire, le symbolisme, tant par ses réseaux de sens que par ses réseaux rythmiques et ses réseaux d'images.

Tableau synthèse
La poésie symboliste :
subjective, synesthésique, subversive

Réseaux poétiques	Caractéristiques
1. Réseau du sens Le poète « maudit » transgresse les tabous sociaux et les normes du genre poétique.	• Thématique subversive. • Invocation de Satan. • Marginalité, révolte, liberté. • Monde urbain, monde nocturne. • Nombreux manifestes (appelés aussi *Arts poétiques*) qui présentent une réflexion sur la poésie.
2. Réseau du rythme Le poète est un musicien du langage qui explore les possibilités formelles de la poésie.	Renouvellement des formes poétiques : • du vers régulier au poème en prose ; • travail sur la structure et la sonorité de la phrase et du vers.
3. Réseau de l'image Le poète est un peintre du langage qui considère le symbole comme l'élément essentiel du poème, établissant le lien entre le monde matériel (les sensations) et le monde spirituel (l'idéal).	• Prédilection pour les métaphores à caractère synesthésique (reliées au sensoriel). • Associations très personnelles (qui contribuent au cadre hermétique des poèmes). • Glissement vers l'onirisme, les hallucinations, les fantasmes.

L'étude du recueil
en s'appuyant
sur des extraits

Les Fleurs du mal, le recueil

Baudelaire, *Les Fleurs du mal*
Premier extrait, lecture analytique du poème IV,
« Correspondances », p. 54

Étape préparatoire à l'analyse
ou à la dissertation : compréhension
du passage en tenant compte du contexte

❶ Analysez la structure du poème.

   a) Quel est le type de vers utilisé ici par Baudelaire ?

   b) Quel est le modèle de rimes* ?

   c) Relevez les rimes riches qui illustrent la virtuosité du poète.

❷ En tenant compte des définitions suivantes, indiquez dans quelle catégorie se range ce poème.

   a) Une ballade* : poème composé de trois strophes* et d'un envoi, se terminant tous par la reprise du même vers.

   b) Un haïku* : poème à forme fixe de 17 syllabes, réparties en 3 vers impairs de 5, 7 et 5 syllabes.

   c) Un sonnet* : poème de 4 strophes, divisées en 2 quatrains* et 2 tercets*.

   d) Un calligramme* : forme poétique où les mots et lettres composant le poème sont disposés de manière à former un dessin, une image.

   e) Autre.

❸ Exprimez en vos propres mots le sens du poème.

*: Cf. Glossaire

❹ Prouvez que le poème est construit comme une démonstration logique, en montrant qu'on y trouve les éléments suivants :

a) une représentation du monde ;

b) une définition du symbole sur le plan horizontal, celui des échanges sensoriels ;

c) une définition du symbole sur le plan vertical, celui des échanges avec l'Idéal ou l'intelligence ;

d) des exemples de symboles à l'appui de la démonstration.

❺ Justifiez le choix du temps des verbes dans ce texte.

❻ Comment est suggérée, dans le texte, l'idée que la beauté inclut le mal ?

❼ Quel est, selon ce poème, le sens dominant chez Baudelaire : la vue, l'ouïe, le goût, l'odorat ou le toucher ?

❽ Les synesthésies

a) En tenant compte de la définition de la synesthésie*, montrez que le poème fournit des illustrations de ce type de figure de style.

b) Le symbole, tel que défini par Baudelaire dans ce poème, se réduit-il à n'être que l'équivalent d'associations sensorielles ? Discutez.

❾ Est-il juste d'affirmer que ce poème explique le rôle de l'image chez les symbolistes ?

❿ Si la Nature est comparée à un temple (synonyme d'une église), à quoi peuvent alors correspondre les « vivants piliers » ?

⓫ Choisissez, parmi les procédés suivants, ceux utilisés par Baudelaire. Justifiez votre réponse en donnant un exemple.

a) Personnification*.

b) Comparaison*.

c) Métaphore*.

d) Antithèse*.

e) Énumération, etc.

*: Cf. Glossaire

Vers la rédaction

⓬ Suivez les étapes proposées dans le but de rédiger une introduction qui conviendrait au sujet suivant:

Montrez la présence, dans le poème «Correspondances», d'une tonalité didactique.

a) Parmi les formulations suivantes, choisissez celle qui pourrait le mieux convenir au «sujet amené»:

   a. Au XIXᵉ siècle, puisque les écrits ne doivent pas troubler la moralité publique, la publication des *Fleurs du mal* fut accompagnée d'un scandale retentissant et de poursuites judiciaires à l'encontre de leur auteur et de leur éditeur.

   b. La vie amoureuse mouvementée de Baudelaire lui a inspiré de nombreux poèmes dans *Les Fleurs du mal*.

   c. L'œuvre de Baudelaire, tout en portant la marque des courants littéraires contemporains, annonce le symbolisme.

   d. La poésie lyrique*, forme d'expression personnelle où dominent l'affectivité et la sensibilité ressenties par le poète, est reprise et transformée par Baudelaire dans *Les Fleurs du mal*.

b) Parmi les suivantes, dégagez trois caractéristiques significatives qui vous inspireront pour diviser le sujet:

   a. Le poème «Correspondances» présente une théorie du symbole.

   b. Le poème exprime de la nostalgie à l'égard d'un amour disparu.

   c. Il propose des illustrations de l'image synesthésique. Le thème de l'amour et celui de la mort sont inextricablement liés dans ce poème.

   d. Le poète exprime des sentiments personnels.

   e. Le poème a toutes les caractéristiques d'un art poétique puisqu'il suggère d'autres idées propres au symbolisme, notamment l'aspiration à l'idéal et le fait que la beauté ne doit pas être uniquement morale mais peut inclure aussi le mal.

*: *Cf.* Glossaire

c) Rédigez l'introduction en utilisant vos réponses précédentes de façon pertinente et en complétant le tout pour qu'on y trouve les articulations suivantes, soit le « sujet amené », le « sujet posé » (accompagné d'une courte présentation) et le « sujet divisé ».

⓭ Analysez le rôle de la nature dans le poème « Correspondances ». Suivez la démarche ci-dessous pour chacun des paragraphes :

a) Formulez en ouverture la phrase clé qui présente l'idée principale du paragraphe.

b) Présentez deux ou trois idées secondaires.

c) Illustrez-les par des citations ou des exemples.

d) Terminez le paragraphe par une phrase de clôture ou une phrase de transition (au choix).

⓮ Retenez un des deux sujets (questions 12 et 13) pour rédiger une dissertation complète.

⓯ Prévoyez de faire la révision en étapes successives :

a) une première révision qui concerne le sens ;

b) une deuxième révision d'ordre orthographique et grammatical ;

c) et, si possible, une dernière révision qui part de la fin du texte pour remonter vers le début.

Baudelaire, Les Fleurs du mal

Extrait, lecture analytique du poème XXI, « Parfum exotique », p. 78

❶ Expliquez la pertinence du titre et son caractère synesthésique (autrement dit, qui tient de la synesthésie).

❷ Ce poème inaugure (ou presque) le cycle des poèmes amoureux. Joue-t-il bien ce rôle ? Répondez en tenant compte des sous-questions suivantes :

    a) Relevez les marques de la présence du poète dans le texte.

    b) Relevez les marques de la présence de la femme aimée.

    c) Relevez les termes qui expriment une sensualité heureuse.

❸ Décrivez la toile qu'un peintre pourrait effectuer à la suite de la lecture de ce poème.

❹ Montrez en quoi ce poème est d'une remarquable sensualité.

❺ Ce poème se présente comme une illustration parfaite de la théorie des synesthésies. Prouvez-le.

❻ Analysez la forme du poème en répondant aux sous-questions suivantes :

    a) De quel type de poème s'agit-il : d'une ballade, d'un rondeau, d'un sonnet ou d'un calligramme ? Justifiez votre choix.

    b) Quel est le modèle de rimes retenu par Baudelaire ?

    c) Comment le poème est-il organisé syntaxiquement ? Soyez attentif, par exemple, au nombre et à la répartition des phrases.

❼ Étudiez la place qu'occupe la perception sensorielle dans le poème :

    a) Relevez les termes du champ lexical* des perceptions sensorielles. Les cinq sens sont-ils représentés et sollicités dans la description du paysage ?

    b) Relevez les suggestions qui évoquent la sensualité. Par quels sens est-elle le plus suggérée ?

                                                    *: Cf. Glossaire

c) Quelle perception sensorielle en engendre une autre dans les quatrains ?

d) Quelles sont les perceptions sensorielles réunies et confondues dans les tercets ?

.... **Vers la rédaction** ....

❽ Faites un plan de rédaction sur un des sujets suivants concernant le poème.

Montrez que ce paysage ressemble à une représentation du paradis.

Montrez que ce poème conjugue trois réseaux de signification :

    a) un éloge* de la femme aimée,

    b) une description de paysage,

    c) une intériorisation des émotions.

*: *Cf.* Glossaire

Baudelaire, *Les Fleurs du mal*

Extrait, lecture analytique du poème XXVII, « Une charogne », p. 85 à 87

Questionnaire sur le texte de Baudelaire

❶ En répondant aux sous-questions suivantes, montrez qu'à la base de ce poème, il y a le récit d'une anecdote :

   a) Qui est représenté dans le récit ?

   b) Qui raconte l'anecdote ?

   c) Résumez cette anecdote en une ou deux phrases.

   d) Dégagez les principaux événements du récit.

   e) Baudelaire adresse un message à sa bien-aimée : résumez-le en vos mots.

❷ Relevez les termes qui témoignent d'une description réaliste de la mort. En quoi cela peut-il être choquant dans un recueil de poésie ?

❸ Analysez les liens entre la beauté et l'horreur, l'attraction et la répulsion.

   a) Relevez les expressions qui témoignent d'un attrait morbide pour cette charogne. Comment se montre dans le poème cette volonté de choquer le lecteur ?

   b) Comment la mort est-elle mise en relation avec les thèmes amoureux ou érotiques liés à la présence féminine ?

   c) Montrez par l'étude des dénominations de la charogne que cette dernière réunit la beauté et l'horreur.

❹ Relevez les apostrophes* et les périphrases* qui désignent le destinataire* du poème (strophes 1, 10, 11 et 12). En quoi vous paraissent-elles ironiques* ici ?

❺ Étudiez la structure du poème. En quoi ce poème ressemble-t-il à une allégorie* ?

Lectures croisées

224   * : Cf. Glossaire

Isidore Ducasse, comte de Lautréamont, *Les chants de Maldoror*

Les chants de Maldoror est un long poème en prose constitué de six chants, regroupant soixante strophes qui font alterner récits* et discours* d'un narrateur-poète nommé Maldoror. Le poème fait l'apologie de la cruauté (comme semble l'indiquer le nom du héros-narrateur, « Mal d'horror ») et renverse avec provocation toutes les valeurs traditionnelles établies. Sa modernité scandaleuse en fait une œuvre poétique lue et étudiée encore de nos jours. La strophe des poux est emblématique de cette manière paradoxale d'envisager l'acte poétique : il s'agit, comme le dit le poète, d'un « hymne de glorification » du « fils de la saleté ».

CHANT II

Il existe un insecte que les hommes nourrissent à leurs frais. Ils ne lui doivent rien ; mais, ils le craignent. Celui-ci, qui n'aime pas le vin, mais qui préfère le sang, si on ne satisfaisait pas à ses besoins légitimes, serait capable, par un pouvoir occulte, de devenir aussi gros qu'un éléphant, d'écraser les hommes comme des épis. [...] On lui donne la tête pour trône, et lui, accroche ses griffes à la racine des cheveux, avec dignité. Plus tard, lorsqu'il est gras et qu'il entre dans un âge avancé, en imitant la coutume d'un peuple ancien, on le tue, afin de ne pas lui faire sentir les atteintes de la vieillesse. On lui fait des funérailles grandioses, comme à un héros, et la bière, qui le conduit directement vers le couvercle de la tombe, est portée, sur les épaules, par les principaux citoyens. Sur la terre humide que le fossoyeur remue avec sa pelle sagace, on combine des phrases multicolores sur l'immortalité de l'âme, sur le néant de la vie, sur la volonté inexplicable de la Providence, et le marbre se referme, à jamais, sur cette existence, laborieusement remplie, qui n'est plus qu'un cadavre. La foule se disperse, et la nuit ne tarde pas à couvrir de ses ombres les murailles du cimetière.

Mais, consolez-vous, humains, de sa perte douloureuse. Voici sa famille innombrable, qui s'avance, et dont il vous a libéralement gratifié, afin que votre désespoir fût moins amer, et comme adouci par la présence agréable de ces avortons hargneux, qui deviendront plus tard de magnifiques poux, ornés d'une beauté remarquable, monstres à allure de sage. Il a couvé plusieurs douzaines d'œufs chéris, avec son aile maternelle, sur vos cheveux, desséchés par la succion acharnée de ces étrangers redoutables. La période est promptement venue, où les œufs ont éclaté. Ne craignez rien, ils ne tarderont pas à grandir, ces adolescents philosophes, à travers cette vie éphémère. Ils grandiront tellement, qu'ils vous le feront sentir, avec leurs griffes et leurs suçoirs.

Isidore Ducasse, comte de Lautréamont, Les chants de Maldoror, Chant II, 1869.

* : *Cf.* Glossaire

Questionnaire sur le texte de Lautréamont

❶ La compréhension du texte

a) De quel animal est-il question dans ce poème ?

b) Lautréamont fait glisser le sens par une accumulation de termes qui personnifient le pou. Faites un relevé de ces termes ou de ces expressions.

c) Comme Baudelaire, Lautréamont joue sur des effets de contraste entre des valeurs opposées, par l'usage de termes antithétiques. Démontrez-le en déterminant les valeurs et les termes mis en contraste.

d) Ce poème en prose illustre-t-il, selon vous, l'intention de Lautréamont de faire l'apologie de l'horreur ? Ou en quoi ce texte est-il provocateur ?

❷ L'analyse

a) Relevez le vocabulaire mélioratif* dans cet extrait.

b) Relevez les hyperboles* dans cet extrait.

c) En vous basant sur les procédés littéraires que vous venez de relever dans le texte, dites à laquelle des figures de style suivantes le texte se rattache surtout : l'euphémisme* ou l'antiphrase*. Justifiez votre réponse.

d) Quelles convergences constatez-vous entre ce poème et celui de Baudelaire ?

Francis Ponge, *Le parti pris des choses*, « Le morceau de viande »

« J'ai choisi le parti pris des choses », a écrit Ponge en 1944 : cette formule montre un poète qui opte délibérément pour une poésie objective et tournée vers les objets. Il cherche à célébrer et à exprimer le monde non pas dans son unité, son universalité et sa globalité, mais plutôt dans ce qu'il a de particulier, de marginal et d'apparemment insignifiant. Il chante de façon arbitraire « la forme des choses particulières, les plus asymétriques et de réputation contingentes, comme par exemple une branche de lilas, une crevette, une serviette-éponge, un trou de serrure... » (Ponge, « Natare piscem doces », *Proêmes*, Gallimard, 1948.)

* : Cf. Glossaire

Le morceau de viande

Chaque morceau de viande est une sorte d'usine, moulins et pressoirs à sang.

Tubulures, hauts fourneaux, cuves y voisinent avec les marteaux-pilons, les coussins de graisse.

La vapeur y jaillit, bouillante. Des feux sombres ou clairs rougeoient.

Des ruisseaux à ciel ouvert charrient des scories avec le fiel.

Et tout cela refroidit lentement à la nuit, à la mort.

Aussitôt, sinon la rouille, du moins d'autres réactions chimiques se produisent, qui dégagent des odeurs pestilentielles.

Francis Ponge, «Le morceau de viande», *Le parti pris des choses* © Gallimard, 1942.

Questionnaire sur le texte de Ponge

❶ Quelle est la métaphore filée* utilisée par Ponge pour décrire le morceau de viande?

❷ Quel est l'effet de cette métaphore sur la perception qu'aura le lecteur du morceau de viande? Choisissez une réponse parmi les énoncés suivants:

    a) Les aspects les plus répugnants de la putréfaction sont mis en valeur.

    b) L'accent est mis sur l'aspect admirable du travail de la nature.

    c) Le regard est objectif: il rationalise et explique le phénomène de la putréfaction.

❸ Qu'y a-t-il de commun entre ce poème et les textes de Baudelaire et de Lautréamont?

.... **Vers la rédaction – Analyse croisée** ....

Sujets:

❶ Aux yeux des poètes postsymbolistes, toute laideur peut engendrer la beauté. Montrez-le en vous appuyant sur ces poèmes.

❷ Montrez comment se manifeste, dans ces extraits, la volonté de choquer le lecteur.

    • Appliquez-vous à rédiger votre texte en suivant les règles de la dissertation.

* : *Cf.* Glossaire

Conseils :

- **En introduction,** n'oubliez pas de présenter les extraits et de les résumer.

- **Pour le développement :** soyez attentif aux convergences et divergences entre les trois textes.

- **En conclusion,** présentez une synthèse de *votre argumentation* personnelle et non de celle des auteurs étudiés.

Baudelaire, *Les Fleurs du mal*

Extrait, lecture analytique du poème XXXIX,

« À celle qui est trop gaie », p. 100 et 101

❶ Interprétez les rapports qu'entretiennent le « je » et le « tu » dans le poème. En quoi les sentiments que le « je » et le « tu » incarnent respectivement sont-ils mis en scène par le poète, voire dramatisés ?

❷ Expliquez en quoi le seizième vers dans le poème est comme un pivot qui le fait basculer dans une nouvelle direction.

❸ Relevez le champ lexical relatif à l'expression de l'admiration, et celui de la violence. Comment sont-ils répartis dans le poème ? À partir de ces informations, décrivez la progression des émotions du poète.

❹ Relevez les comparaisons qui associent la femme à un paysage idéal. Quels sont les deux aspects essentiels de la femme-paysage qui en ressortent ?

❺ Qui est la source de la violence, présente dans les cinq dernières strophes ? Qui en est la cause ?

❻ À la lumière de ce que vous venez de découvrir du poème, comment interprétez-vous son titre ? Le trouvez-vous justifié ? Sinon, quel titre aimeriez-vous proposer ?

❼ Dans l'optique baudelairienne, l'homme aspire tout à la fois à l'animalité et à la spiritualité. Expliquez en quoi ce poème illustre cette problématique.

.... **Vers la rédaction** ....

❽ Montrez que le poème « À celle qui est trop gaie » met en scène une forme de jouissance sadique.

Baudelaire, *Les Fleurs du mal*

Dernier extrait, lecture analytique du poème XLIII,
« Harmonie du soir », p. 108

❶ La structure du poème, qui est celle du pantoum*, agit sur sa musicalité et participe à sa signification.

   a) Repérez les vers répétés dans le poème. Combien de vers sont ainsi répétés ?

   b) Quel est l'effet produit par ces répétitions ? Est-il plutôt déroutant, redondant, envoûtant ou insistant ? Justifiez votre réponse.

   c) Relevez les termes qui font partie du champ lexical de la circularité.

   d) Selon vous, en quoi le thème de la nostalgie peut-il être lié à l'idée de circularité ? Qu'y a-t-il de « circulaire » dans le fait d'alimenter ses souvenirs ?

❷ Relevez les mots et expressions en lien avec la mort et la disparition.

❸ Relevez les mots et expressions en lien avec les émotions douloureuses.

❹ Quel thème se révèle surtout au tout dernier vers ?

❺ Pour quelle raison peut-on dire que le poème se termine sur une note positive ?

.... **Vers la rédaction** ....

❻ Démontrez que l'on peut interpréter ce poème comme une incantation*.

❼ Montrez que le poème est construit autour de l'idée de nostalgie.

* : *Cf. Glossaire*

L'étude de l'œuvre dans une démarche plus globale

La démarche proposée ici peut précéder ou suivre l'analyse par poème. Elle apporte une connaissance plus synthétique de l'œuvre ; elle met l'accent sur la compréhension du recueil dans son unité. Les deux démarches peuvent être exclusives ou complémentaires.

Pour chacune des cinq parties du recueil, suivez la démarche ci-dessous, qui tient compte des composantes du recueil poétique, soit :

a) la thématique ;

b) les représentations (poète, femmes, surnaturel, animaux, marginaux) ;

c) les tonalités ;

d) le symbolisme.

Thématique

❶ Relevez, pour chacune des cinq parties du recueil, les trois thèmes que vous jugez les plus importants parmi les suivants : l'amour, la mort, le spleen, le voyage, l'art, Dieu et la religion, la ville, la femme et le temps.

❷ Dressez un bilan de la vision du monde, de l'art et de la poésie qui se dégage de l'œuvre.

Représentations

❶ Le poète :

a) Comment pourriez-vous définir ce qu'est un poète à la lumière de ce que vous venez de lire ?

b) Baudelaire est considéré comme un poète maudit : comment le recueil témoigne-t-il de cette réalité ?

c) Comment résumeriez-vous la conception que se fait Baudelaire de la beauté (c'est-à-dire ce qui est digne d'accéder à l'art) ?

❷ La représentation des femmes :

    a) Trois types de femmes ont inspiré Baudelaire. Dressez un portrait des caractéristiques de chacune. Ont-elles des points en commun ?

    b) Faites le portrait de la femme idéale aux yeux de Baudelaire.

    c) Quelle représentation Baudelaire donne-t-il de la muse, celle qui, dans la tradition, inspire le poète ?

❸ L'incarnation du surnaturel :

    a) Quelle perception se dégage de Dieu et de Satan dans ce recueil ?

    b) Quels autres personnages surnaturels sont présents dans le recueil ? Quel est le rôle de chacun ?

❹ Les animaux :

    a) Quels sont les animaux présents dans le recueil ?

    b) Que symbolisent-ils ?

❺ Les marginaux :

    a) Plusieurs personnages expriment le thème de la marginalité dans le recueil. Lesquels ?

    b) La perception en est-elle positive ou négative ? Illustrez.

Tonalités

❶ Lyrique :

    a) Quelles sont les émotions dominantes dans le recueil ?

    b) Relevez des figures de style qui vous semblent illustrer avec justesse chaque émotion.

    c) Expliquez comment semble évoluer l'affectivité dans ce recueil.

    d) Décrivez le type de paysage privilégié par Baudelaire pour traduire son univers affectif.

❷ Tragique :

a) Dégagez les thèmes à caractère moral ou religieux.

b) Expliquez les sources du pessimisme chez Baudelaire.

c) La ville, espace essentiel de la poésie baudelairienne, sert à illustrer sa vision tragique de la vie. Montrez-le.

Symbolisme

❶ Montrez que *Les Fleurs du mal* illustrent toutes les caractéristiques du symbolisme.

❷ On considère que *Les Fleurs du mal* innovent dans la conception de l'image en poésie, mais est plutôt traditionnel en ce qui concerne le rythme* (ou la versification* ou la forme). Commentez.

Sujets d'analyse et de dissertation

Plusieurs pistes d'analyse portant sur l'œuvre complète sont maintenant accessibles, et certaines plus faciles à emprunter que d'autres. Pour favoriser votre progression vers le plan, les premiers sujets ont été partiellement planifiés (comme suggestion d'exercices : compléter ou détailler ces plans) ; en revanche, les derniers sujets laissent toute la place à l'initiative personnelle.

❶ **Montrez que *Les Fleurs du mal* possèdent en germe les fondements du symbolisme.**

Esquisse de plan pour le développement.

Introduction :

Sujet amené : puisez une idée dans la biographie de Baudelaire.

Sujet posé : reformulez le sujet.

Sujet divisé : prévoyez un court résumé et annoncez les idées directrices des trois paragraphes du développement.

* : *Cf.* Glossaire

Développement

- Dans le premier paragraphe, penchez-vous sur le caractère provocateur du symbolisme.
- Dans le deuxième paragraphe, abordez la conception symboliste de l'image.
- Dans le troisième, traitez de la thématique, du lien avec les idéaux esthétiques et de la conception de la beauté.

Conclusion

- Idée synthèse : faites un retour sur les grandes articulations du développement en veillant à maintenir l'intérêt du lecteur.
- Idée d'ouverture : allez chercher une idée dans la description de l'époque.

❷ **Démontrez l'ambivalence de l'éloge.**

L'éloge est un discours visant à vanter les mérites d'une personne. Du point de vue du style, l'éloge utilise plusieurs procédés tels que le superlatif, l'hyperbole et le vocabulaire mélioratif.

Voici quelques sous-questions pour vous aider à dégager des idées directrices :

- Dans quels poèmes trouve-t-on un éloge ?
- De qui ou de quoi l'éloge est-il fait ?
- Quels sont les termes utilisés ?
- Parmi ces termes, quels sont ceux qui peuvent avoir une connotation* péjorative ?
- Toujours parmi ces termes, quels sont ceux qui peuvent avoir une connotation méliorative ?
- En résumé, qu'est-il dit essentiellement de la personne ou de la chose dont on fait l'éloge ?
- En quoi est-ce finalement ambivalent ?

* : *Cf.* Glossaire

❸ **Expliquez sur quels éléments repose la réputation sulfureuse du recueil.**

❹ **Expliquez la vision existentielle qui se dégage du recueil. En quoi cette vision est-elle tragique ?**

❺ **À la lumière des poèmes que vous avez lus, expliquez la signification du titre du recueil.**

❻ **Montrez que le recueil comporte des aspects autobiographiques.**

❼ **Démontrez qu'il se trouve dans le recueil une conception de l'art et de l'artiste qui est liée à l'idée de l'art pour l'art.**

❽ **Montrez que le thème du spleen est relié à au moins deux autres des principaux thèmes du recueil.**

❾ **Montrez que l'usage du « je » chez Baudelaire peut parfois avoir une valeur d'universalité et d'autres fois, prendre un caractère personnel.**

❿ **Selon Georges Jean, le poète est à la fois un peintre et un musicien du langage. Montrez que cette définition convient particulièrement à Baudelaire.**

Glossaire

Pour étudier la poésie : lexique de base et autres termes

Allégorie : image qui représente une abstraction sous une forme animée et concrète. Voir « Le chat » (XLVII).

Antiphrase : figure de style qui consiste à dire le contraire de ce que l'on pense.

Antithèse : figure qui consiste à montrer clairement et explicitement une opposition logique entre deux mots, propositions ou phrases. Voir le vers 16 de « À celle qui est trop gaie » (XXXIX).

Antonomase : figure qui consiste à faire d'un nom propre un nom commun. Voir « *Véfour* » au vers 47 de « À une mendiante rousse » (LXV).

Antonyme : mot de sens contraire.

Apostrophe : adresse à un interlocuteur, fictif ou réel, défini comme destinataire du message. Les poèmes amoureux de Baudelaire commencent très souvent par une apostrophe : voir l'incipit du poème XXVIII, « De profundis clamavi ».

Ballade : forme poétique dans laquelle un même vers revient à la fin de chaque strophe à la manière d'un refrain.

Calligramme : il s'agit d'une forme poétique où les mots et lettres composant le poème sont disposés de manière à former un dessin, une image.

Champ lexical : ensemble de mots associés à une idée ou à un thème.

Comparaison : figure de style qui consiste à créer une image en rapprochant deux éléments reliés par un terme comparatif (*comme, ainsi que, ressembler à,* etc.) dont l'un est le comparé et l'autre le comparant. Voir le premier vers de « La beauté » (XVII).

Connotation : valeur particulière que prend un mot dans un contexte donné. On parle de connotation péjorative ou de *péjoration* pour caractériser une valeur négative et de connotation méliorative pour caractériser une valeur positive.

Conservateur : qui adhère à une politique conservatrice, c'est-à-dire qui cherche à défendre les valeurs et l'organisation sociale traditionnelles.

Destinataire : celui qui reçoit ou à qui est adressé un message, littéraire ou non. Le lecteur est le destinataire du poème « Au lecteur ».

Discours : prise de parole à la première personne afin de traiter d'un sujet particulier.

Distique : strophe de deux vers.

Dogme : affirmation déclarée incontestable par une autorité (généralement politique ou religieuse).

Ecphrasis ou Ekphrasis : description littéraire d'une œuvre d'art. Voir « Une martyre » (LXXIX).

Éloge : l'éloge consiste à louer ou à célébrer quelque chose ou quelqu'un en faisant apparaître sa beauté physique ou morale.

Glossaire

Enjambement: il y a enjambement lorsqu'un mot (ou un ensemble de mots), ayant un lien étroit avec le sens d'un vers, est reporté au vers suivant afin de créer un effet rythmique.

Épigraphe: citation ou inscription placée en tête d'un ouvrage.

Euphémisme: figure de style consistant à atténuer une idée désagréable.

Haïku: forme poétique originaire du Japon. Il s'agit d'un tercet* se composant d'un premier vers de 5 pieds, d'un second de 7 pieds, et d'un dernier de 5 pieds.

Hypallage: figure de style qui consiste à transférer une caractéristique d'un élément (souvent un adjectif caractérisant) sur un autre élément présent dans le contexte: voir par exemple dans «Parfum exotique» (XXI) les expressions «rivages heureux», «île paresseuse» où les adjectifs caractérisant les qualités humaines des insulaires sont transférés sur les éléments naturels de l'île.

Hyperbole: figure de style qui consiste en l'exagération d'une expression afin de lui conférer une intensité plus forte. Voir par exemple «Les phares» (VI), avant-dernière strophe, «Le poison» (XLV), premier vers.

Incantation: le fait de s'adresser à une puissance supérieure de façon répétitive afin de parvenir à contrôler cette puissance et à la faire agir sur la réalité.

Incipit: en latin, «*[il] commence*». Désigne, en français, le début d'un poème (en général son premier vers). L'*incipit* permet d'identifier facilement les poèmes qui n'ont pas de titre: voir par exemple le poème V dont l'*incipit* est «*J'aime le souvenir de ces époques nues...*».

Ironique: voir Registre.

Licence poétique: permission ou liberté accordée au langage poétique en raison d'impératifs prosodiques ou de versification. *Encore* orthographié *encor*, par exemple, pour décompter une syllabe de moins devant une consonne.

Lyrique: qui exprime des sentiments intimes.

Mélioratif (et péjoratif): qui comporte une valeur positive. Son contraire est «péjoratif».

Métaphore: figure (ou procédé) qui associe directement et immédiatement un élément à un autre selon un rapport analogique implicite (ressemblance, correspondance, conformité) puisqu'il n'y a pas de marque de comparaison: voir par exemple le vers 1 de «Correspondances» (IV): «*La Nature est un temple...*». On parle de **métaphore filée** quand la métaphore est développée et continuée sur plusieurs vers ou plusieurs phrases: le poème LXXVI, «La musique», est entièrement fondé sur une métaphore filée qui assimile la musique à la mer.

Métonymie: figure qui consiste à remplacer un élément par un autre élément avec lequel il est en relation logique ou chronologique (cause pour conséquence ou conséquence pour cause), spatiale (le contenu pour le contenant : « *boire un verre* »).

Pantoum : poème à forme fixe d'origine malaise, mis à la mode par Hugo vers 1830, le pantoum est fondé sur un système de répétitions de vers (voir « Harmonie du soir », XLIII).

Périphrase : désignation indirecte d'un élément qui n'est pas nommé, mais décrit de telle sorte qu'il soit identifié : voir le vers 1 de « Bohémiens en voyage » (XIII).

Personnification : métaphore qui consiste à rendre vivant ce qui ne l'est pas, selon un rapport d'analogie ou de ressemblance. Les majuscules employées par Baudelaire dans ses poèmes servent à créer des personnifications. Voir par exemple « Spleen » : « *Quand le ciel bas et lourd...* » (LXII).

Polémique : voir Registre.

Progressiste : qui est pour le progrès social, la transformation de la société et des mentalités.

Prosodie : étude des phénomènes musicaux et rythmiques mis en œuvre dans et par la poésie.

Quatrain : strophe de quatre vers.

Récit : prise de parole visant à raconter des événements réels ou imaginaires.

Registre : manifestation par le langage d'une catégorie majeure de l'émotion, de la sensibilité et de la volonté humaines. À chaque registre correspond une grande attitude émotionnnelle ou intellectuelle : émouvoir (registre pathétique), célébrer ou déprécier (registre épidicte), critiquer plaisamment (registre satirique et ironique), critiquer sérieusement et violemment (registre polémique), exprimer et provoquer la peur (registre fantastique), expliquer ou démontrer (registre didactique), faire rire ou sourire (registre comique), amplifier, exagérer un événement (registre épique), exprimer ses sentiments intimes (registre lyrique).

Républicains : qui sont en faveur de l'instauration de la République.

République : système politique où la gouvernance de l'État n'appartient pas à des autorités religieuses ou à la noblesse, mais au peuple. C'est le peuple qui choisit les représentants qui gouverneront l'État.

Rime : retour, dans deux vers proches, du même son dans la dernière voyelle accentuée située en fin de vers. La rime se caractérise par sa nature, sa disposition et sa qualité. Sa nature est soit masculine (dernière voyelle accentuée sonore), soit féminine (elle finit par un « e » muet). La règle classique demande que le poète fasse alterner les rimes féminines et les rimes masculines. La disposition est multiple : les rimes sont soit suivies (aabb), soit alternées ou croisées (abab), soit embrassées (abba). Les rimes ont diverses qualités : elles sont riches (quand au moins trois sons sont communs aux deux vers : voir « Parfum exotique », XXI), suffisantes (deux sons communs), pauvres (un seul son commun). Ce qui fait la valeur d'une rime n'est pas sa qualité mais le caractère inédit de l'association et l'éloignement (notamment grammatical) des deux mots placés à la rime.

Rythme: le rythme d'un poème est défini par l'accentuation: aux accents fixes que sont la césure (//) et la fin du vers s'ajoutent les accents de groupes mobiles déterminés par l'organisation syntaxique et logique que sont les coupes (/): « *Emporte-moi, / wagon! // enlève-moi, / frégate!* » (LV, vers 11; rythme 4/2//4/2).

Salonnière: se dit d'une femme qui tient un salon littéraire, autrement dit un endroit où des hommes et des femmes cultivés se réunissent pour discuter de littérature, d'art, de philosophie et d'actualité.

Satirique: voir Registre.

Sizain: strophe de six vers.

Sonnet: poème à forme fixe constitué de deux quatrains suivis de deux tercets. Dans le sonnet classique dit *régulier*, la disposition des rimes est: abba/abba/ccd/ede (ou ccd/eed).

Stance: strophe particulièrement lyrique qui utilise des vers assez courts (des octosyllabes par exemple). Voir « Franciscæ meæ laudes » (LIII) et « À celle qui est trop gaie » (XXXIX).

Strophe: paragraphe d'un poème isolé typographiquement par des espaces et ayant une unité et un achèvement au niveau de la grammaire (syntaxe), du sens et des rimes.

Syllepse: une syllepse de sens consiste à utiliser un mot en un double sens.

Symbole: représente un élément concret et réel qui renvoie à un élément idéal, secret, mystérieux et caché que le poète découvre dans et par son acte poétique. Voir par exemple les poèmes IV, « Correspondances » et XLIII, « Harmonie du soir ».

Synecdoque: figure qui est un genre de métonymie et qui consiste à remplacer un élément par un autre élément avec lequel il est en relation de très forte contiguïté, voire d'inclusion. La synecdoque la plus répandue est celle qui exprime la partie pour le tout, par exemple « le fer » pour désigner l'épée (en fer).

Synesthésie: expression d'une sensation par le moyen d'un organe sensoriel impropre à la sensation évoquée. Le poème IV, « Correspondances », en fait la théorie dans son vers 8 et en donne des exemples dans ses tercets: « *parfums frais* » (odorat-toucher), « *doux comme les hautbois* » (odorat-ouïe), « *verts* » (odorat-vue), etc.

Tercet: strophe de trois vers.

Tonalité: voir Registre.

Versification: étude des méthodes de fabrication des vers.

Bibliographie, discographie

Bibliographie

Œuvres de Baudelaire

• **Essais**
– *Écrits sur l'art*, Hachette, « Le Livre de poche », n° 3921.
– *Les paradis artificiels*, Hachette, « Le Livre de poche », n° 1326.
• **Poèmes en prose**
– *Le spleen de Paris*, Hachette, « Le Livre de poche », n° 1179.
• **Journaux intimes**
– *Fusées, Mon cœur mis à nu, La Belgique déshabillée*, Gallimard, « Folio », n° 1727.
• **Traductions d'Edgar Poe**
– *Histoires extraordinaires*, Hachette, « Le Livre de poche », n° 604.
– *Nouvelles histoires extraordinaires*, Hachette, « Le Livre de poche », n° 1055.
– *Histoires grotesques et sérieuses*, Hachette, « Le Livre de poche », n° 2173.

Contexte de l'œuvre

– *Poètes français des XIXe et XXe siècles*, Hachette, « Le Livre de poche », n° 4277.
– Anne Martin-Fugier, *Les romantiques, Figures de l'artiste (1820-1848)*, Hachette, « La Vie quotidienne », 1998.
– Henry Murger, *Scènes de la vie de bohème (1851)*, Gallimard, « Folio », n° 1968.

L'auteur, sa vie, son œuvre

– Charles Baudelaire, *Correspondance (choix)*, Gallimard, « Folio », n° 3433.

– John E. Jackson, *Baudelaire*, Hachette, « Le Livre de poche », « Références », n° 579, 2001.
– Pascal Pia, *Baudelaire par lui-même*, Le Seuil, « Écrivains de toujours », 1952, réédité en 1995.
– Dominique Rincé, *Baudelaire et la modernité poétique*, PUF, « Que sais-je ? », n° 2156, 1984.
– Henri Troyat, *Baudelaire*, Flammarion, 1994.

Sur *Les Fleurs du mal*

– Michel Covin, *L'homme de la rue : essai sur la poétique baudelairienne*, L'Harmattan, 2000.
– Claude Launay, *Les Fleurs du mal de Charles Baudelaire*, Gallimard, « Foliothèque », n° 48, 1995.
– Marie-Ève Thérenty, *Les Fleurs du mal de Baudelaire*, Hachette, « Repères », n° 48, 1999.
– Paul Valéry, « Situation de Baudelaire », dans *Variété I et II* (1930), Gallimard, « Folio-essais », n° 327.

Discographie

– Claude Debussy, *Cinq poèmes de Baudelaire*, dans *Mélodies*, par Barbara Hendricks et Michel Béroff, EMI-classics, 1985.
– Léo Ferré, *Les Fleurs du mal (Les années Odéon, volume IV)*, 1957, Columbia CDMCB778 : contient 12 poèmes.
– Léo Ferré, *Baudelaire (Les poètes, volume II)*, 1967, Barclay, 847171-2 : contient 22 poèmes.
– Henri Sauguet, Gabriel Fauré, Henri Duparc, *Mélodies sur des poèmes de Charles Baudelaire*, Felicity Lott et Graham Johnson, Harmonia mundi, 1990.

Crédits photographiques

p. 8 : Collection Oskar Reinhart © photo akg-images. **pp. 9, 12, 67, 77, 79, 87, 104 :** © photo Hachette Livre. **p. 16 :** Paris, BnF, Cabinet des Estampes © photo BnF. **pp. 42, 161, 198 :** SMPK, KupferstichKabinett © photo akg-images. **pp. 48, 91, 218, 222, 224, 229, 230 :** Carlos Schwabe, photo Wikimedia Commons. **p. 72 :** © akg-images / Maurice Babey. **pp. 102, 189 :** © photo akg-images. **p. 109 :** © photo Musée national des beaux-arts du Québec, 34.18. **p.122 :** Paris, bibliothèque de l'Arsenal © photo Hachette Livre. **p. 181 :** Paris, musée du Louvre © photo Hachette Livre. **p. 188** © Hulton-Deutsch Collection / Corbis. **pp. 207, 208 :** SMPK, National galerie © photo akg-images.

Dans la même collection

Tristan et Iseut

HUGO
Les Misérables

MOLIÈRE
Dom Juan

RACINE
Phèdre

VOLTAIRE
Candide